PÉRIL SUR LA DÉMOCRATIE

DU MÊME AUTEUR

Avec Yann Algan (dir.), *L'État en mode start-up* (préface d'Emmanuel Macron), Eyrolles, 2016.

THOMAS CAZENAVE

PÉRIL SUR LA DÉMOCRATIE

Refonder l'État

PLON
www.plon.fr

92, avenue de France
75013 Paris
Tél. : 01 44 16 09 00
www.plon.fr / www.lisez.com

Dépôt légal : novembre 2025
ISBN : 978-2-259-32367-3
Mise en pages : PCA

À Élise, Solal et Antonin

Introduction

« Thomas, en mission de service public » : c'est le titre qu'avait choisi la *Charente Libre* pour un article de 1998. Cet été-là, afin de gagner un peu d'argent, je travaillais comme facteur à Angoulême, et le quotidien avait souhaité mettre ce job d'été en lumière.

Près de trente plus tard, cet attachement au service public est intact et j'y ai consacré l'ensemble de ma carrière professionnelle, comme haut fonctionnaire, comme parlementaire, comme élu local, comme ministre.

Du lycée François-Mauriac à la classe préparatoire du lycée Gustave-Eiffel à Bordeaux, en passant par l'agrégation à l'issue de mes études à l'École normale supérieure de Saclay puis Sciences Po et enfin l'ENA, j'ai invariablement souhaité m'engager pour le service public. Sans savoir toujours très bien ce que cela pouvait signifier… Mais j'étais convaincu que travailler pour l'intérêt général, travailler pour les autres était une façon de donner un sens à ma vie professionnelle.

Motivations bien trop banales ou mièvres qui conduisaient nos préparateurs aux oraux du concours de l'ENA à nous recommander de ne jamais y parler de notre goût de l'intérêt général comme motivation principale.

Je m'y suis risqué malgré tout lors de mon grand oral, ne voyant pas au fond d'autre ambition chez moi dans ce choix, ce qui a d'ailleurs bien failli me coûter mon admission au concours.

Ces vingt dernières années, cette boussole ne m'a jamais quitté. J'ai eu l'opportunité d'explorer toutes les facettes de l'État et de son administration au service de l'intérêt général.

À la fin de mes études, j'ai commencé ma carrière à Bercy, au service de l'Inspection générale des finances (IGF). Pendant quatre ans, j'ai conduit des missions de contrôle, d'audit et d'évaluation de politiques publiques qui m'ont permis de découvrir de nombreux pans de l'action publique.

De la vérification des services fiscaux à l'audit de l'Agence française de développement, du bilan économique d'une nouvelle ligne à grande vitesse au prix de l'essence en outre-mer, en passant par la révision générale des politiques de l'emploi, pour n'en citer que quelques-uns, j'ai navigué au milieu de sujets variés et d'acteurs multiples. J'y ai découvert aussi la mission de conseil auprès des décideurs publics, les ministres et leurs équipes.

Après quatre années heureuses, riches et formatrices, j'ai décidé d'aller explorer un autre univers, celui des ressources humaines et du dialogue social, en rejoignant Bruno Mettling, alors DRH du groupe Orange.

Une expérience interrompue au bout d'une année lorsque Jean Bassères a été nommé à la tête de Pôle emploi, devenu depuis peu France Travail. Jean avait été le chef de l'IGF pendant plusieurs années et j'y étais son bras droit. Il m'a demandé de le rejoindre à Pôle emploi pour conduire un projet de transformation profonde de l'opérateur après les années de fusion qui avaient conduit à rapprocher l'ANPE et le réseau des Assedic.

J'y ai passé près de cinq ans. Ça a été une période exceptionnelle où j'ai pu me confronter à la réalité d'un opérateur de plus de 50 000 personnes qui maillent tout le territoire. Là aussi, les enjeux ne manquaient pas : en plus des systèmes d'information, des ressources humaines et du dialogue social, nous avons eu l'occasion de conduire des réformes importantes et nécessaires visant à améliorer la qualité du service aux usagers de Pôle emploi. L'expérience du management, les responsabilités opérationnelles, le travail aux côtés de celles et ceux qui sont en première ligne dans les agences au service des demandeurs d'emploi et des entreprises ont profondément marqué mon regard sur la manière de réformer et de faire évoluer le secteur public.

Après ces années au cœur de la mise en œuvre de la politique de l'emploi, j'ai découvert un nouveau champ de l'action publique en rejoignant un cabinet ministériel. J'accompagnais Emmanuel Macron, alors ministre de l'Économie, en tant que directeur de cabinet adjoint. L'expérience a pris fin avec sa démission du gouvernement et le lancement de son parti En Marche en 2016.

C'était un premier passage de l'autre côté du miroir pour moi. Je n'avais jamais quitté le champ de l'administration et voilà que j'étais du côté de celles et ceux qui conseillent les ministres, préparent les décisions et les arbitrages. C'est une tentation assez naturelle pour ceux qui sont engagés dans l'action publique que de se rapprocher de la prise de décision. J'ai ensuite prolongé cette expérience en rejoignant l'Élysée à la fin du mandat de François Hollande, comme secrétaire général adjoint de la présidence de la République.

J'y ai découvert la complexité de la prise de décision au niveau gouvernemental. Des interminables réunions interministérielles aux luttes d'influence, des réécritures des interviews des ministres par les équipes du Président et du Premier ministre : j'ai fait face à un monde assez éloigné de l'idée que je m'en étais fait. Les circuits de décisions illisibles et parfois irrationnels, la dilution du pouvoir éclaté entre de multiples lieux, des ministres sans coudées franches… Ces processus où les capacités d'action demeurent très limitées étaient aux antipodes de ce que j'avais connu dans mes fonctions opérationnelles à Pôle emploi.

C'est pourquoi j'ai alors entamé un nouveau chapitre : la direction d'une administration centrale. J'ai en effet été nommé en 2017 à la tête de la Direction interministérielle de la transformation publique (DITP) placée sous l'autorité du Premier ministre, Édouard Philippe, et du ministre des Comptes publics, Gérald Darmanin. Loin d'être une énième administration obscure, la DITP et ses agents ont pour mission de porter et coordonner les réformes des administrations et donc de permettre à chaque décision politique d'avoir un impact concret sur la vie des Français. Pendant plus de deux ans, avec mes équipes, nous avons préparé et mis en œuvre les différentes décisions du gouvernement dans notre domaine : projet « CAP 22 », réforme de l'organisation territoriale de l'État et des administrations centrales, développement de nouveaux outils d'action publique, pilotage du programme des réformes prioritaires du gouvernement…

Par cette fonction, j'ai souhaité, à ma mesure, contribuer à réconcilier la politique et l'efficacité de l'action publique. Mais, là aussi, je me suis heurté à la grande difficulté des prises de décision, aux méandres de l'interministériel, à la lenteur de l'action et à la dilution du pouvoir.

Après avoir expérimenté l'ombre et les coulisses, il y a parfois, chez certains hauts fonctionnaires, la tentation de franchir une nouvelle étape, celle du suffrage et de l'élection. Ça a été mon cas.

En 2019, je n'ai pas mis entre parenthèses ma vie professionnelle par lassitude ni par volonté d'aller faire fructifier ces années d'expérience dans le secteur privé. Non, j'ai préféré faire évoluer la forme de mon engagement. Le moment était venu pour moi de sortir du confort que procure parfois l'ombre des administrations afin de me confronter au suffrage universel. Ce qui s'apparentait à un vrai virage professionnel m'apparaît finalement aujourd'hui comme la suite logique à mes années au service de l'État. L'envie d'avoir plus d'impact et de responsabilités, de pouvoir décider et agir, m'a fait sauter le pas de l'engagement politique.

J'ai ainsi déposé ma candidature aux élections municipales à Bordeaux. Je n'ai jamais pu envisager de me présenter à des élections ailleurs que chez moi, dans ma ville. Si cette campagne s'est soldée par un échec, j'ai débuté en 2020 mes premiers mandats d'élu local, comme conseiller municipal et conseiller métropolitain. J'ai découvert un champ que je ne connaissais que de façon assez lointaine jusque-là, celui des collectivités territoriales, qui ont pris une place plus importante ces dernières décennies dans notre pays. J'ai ainsi entamé le parcours, formateur dit-on, d'élu d'opposition. Ce mandat sans pouvoir réel m'a permis de m'exprimer en conseil municipal, c'est-à-dire en réalité à faire des propositions jamais reprises ni même discutées… mais qui pouvaient se voir réappropriées par la majorité quelques années plus tard. Un véritable chemin d'humilité, voire un sacerdoce !

En juillet 2022, l'histoire a cette fois été de mon côté : j'ai été élu député de la première circonscription de Gironde (Bordeaux, Le Bouscat et Bruges) où les Bordelais, les Bouscatais et les Brugeais m'ont fait confiance à près de 60 %. Ça a été un moment de grande émotion et fierté ; c'était aussi la découverte d'un autre versant de l'action publique, celui du législateur.

À l'Assemblée nationale, j'ai très vite compris qu'il faudrait se battre pour porter les projets et les idées qui me tenaient à cœur. Par mon parcours et mes affinités, j'ai rejoint la Commission des finances. Celle-ci était chargée d'étudier deux textes majeurs pour le pouvoir d'achat dans un contexte d'inflation galopante en 2022. Elle serait ensuite à la manœuvre pour étudier le projet de budget pour l'année suivante.

Dès le début de mon mandat, j'ai souhaité que le temps que je passais à Paris, loin de ma famille et loin de Bordeaux, soit mis à profit. Élu local depuis 2020, j'ai candidaté à la présidence de la Délégation aux collectivités territoriales et à la décentralisation, un organe discret mais qui constitue la porte d'entrée des élus locaux à l'Assemblée. Sur ces sujets, je me suis efforcé de porter une voix forte pour relayer les attentes et les craintes de nos élus, mais aussi afin de travailler à améliorer les relations de plus en plus conflictuelles entre les collectivités et l'État.

Dans cette fonction de législateur, j'ai aussi eu la joie et la responsabilité de porter plusieurs textes. Notamment un sur la rénovation énergétique de nos bâtiments publics qui constitue l'un des chantiers du siècle pour atteindre nos objectifs climatiques. Les bâtiments publics sont à l'origine de trop de nos émissions de gaz à effet de serre. Avec 380 millions de mètres carrés, il me semblait inenvisageable qu'on ne s'attaque pas à leur performance énergétique. Nous y sommes parvenus avec ce nouveau dispositif permettant pour l'État, ses opérateurs et les collectivités territoriales de recourir à un financement innovant reposant sur les économies d'énergie réalisées grâce aux travaux.

Ce texte, comme certains autres, n'a pas retenu l'attention des médias ou du grand public, peut-être parce qu'il a été voté à l'unanimité… C'était pourtant une occasion de faire avancer les choses très concrètement. Malgré tout, et j'y reviendrai, je ferais bientôt l'expérience amère du chemin semé d'embûches que représente la mise en œuvre concrète d'un texte de loi.

Au-delà de la rénovation énergétique, j'ai pris l'initiative de deux autres textes : l'un pour défendre les commerçants et les locataires face à la hausse de leurs loyers, l'autre pour renforcer nos dispositifs de lutte contre la fraude.

Au cœur de l'été 2023, alors que la réforme des retraites avait été adoptée dans la douleur, que la période de réflexion ouverte par le Président touchait à sa fin et qu'un remaniement se profilait, j'ai reçu un SMS du secrétaire général de l'Élysée pour me féliciter de mon entrée au gouvernement. Quelques heures plus tard, c'était Élisabeth Borne qui m'appelait pour me faire part de son souhait de me voir entrer dans son équipe.

L'excès de prudence dont j'ai toujours fait preuve m'interdisait de me réjouir immédiatement. D'expérience, je savais que les tractations pouvaient durer longtemps et qu'il n'y avait de ministre nommé que lorsque le communiqué de presse était publié. De fait, hormis ma famille et quelques très proches, je n'ai mis, à ce stade, personne dans la confidence.

Le lendemain, j'ai alors attendu patiemment que tout cela soit confirmé. Je dois dire qu'il y a quelque chose d'étrange à voir votre nom et votre photo diffusés sur BFM TV pendant toute l'après-midi en attendant la confirmation officielle. Depuis la veille, je n'avais plus de contacts ni avec l'Élysée ni avec Matignon. En fin de journée, mon nom figurait pourtant bel et bien dans le communiqué officiel qui annonçait la composition du gouvernement avec, accolée, la mention « Ministre délégué chargé des Comptes publics ».

Le matin suivant, c'était jour de passation à Bercy et j'ai déjà perçu le changement d'échelle. Bruno Le Maire a prononcé un discours d'une grande élégance, où il n'a pas manqué de mettre en avant mon ancrage bordelais.

J'ai passé un peu plus d'un an au gouvernement, et cette période a été pour le moins intense. Après plusieurs années de « quoi qu'il en coûte » où l'État a protégé les Français comme aucun autre ne l'a fait dans le monde, nos finances publiques ont continué de se dégrader. J'avais pour ainsi dire la charge du ministère du retour au réel. Face à des oppositions qui pointent du doigt la situation budgétaire tout en étant incapables de proposer la moindre piste sérieuse d'économies, on se sent souvent bien seul.

En juillet 2024, après la décision de dissoudre l'Assemblée nationale prise par le président de la République, et au terme d'une campagne difficile menée au pas de charge, je l'ai une nouvelle fois emporté dans ma circonscription, cette fois-ci dans une triangulaire face au Nouveau Front populaire et au Rassemblement national, et j'ai alors retrouvé mon siège de député de la première circonscription de la Gironde.

*

Voilà d'où j'écris. Si j'ai pris le temps de retracer rapidement mon parcours, c'est que les différentes fonctions que j'ai exercées m'ont donné envie de partager mon expérience, d'analyser et mieux comprendre nos difficultés et d'en tirer quelques enseignements que j'espère utiles pour l'avenir. Après vingt ans dans les rouages de l'État, le moment est venu de faire l'inventaire, voire l'examen de conscience.

J'ai ainsi eu le privilège et la chance de poursuivre le projet qui était le mien, celui de servir l'action publique, d'agir pour mon pays dans des domaines très divers. Au fil de mes différentes fonctions et responsabilités, j'ai pu mener plusieurs combats : la lutte contre le chômage, contre la fraude, ou en faveur du rétablissement de nos comptes publics. Mais aussi celui de l'investissement dans la transition écologique ou bien encore de la défense de la viticulture ou de nos commerces de centre-ville.

Tout au long de ce parcours, j'ai croisé des personnes exceptionnelles, dévouées au service public avec un engagement sans faille qui force le respect. Je pense aux agents publics qui œuvrent sur le terrain, je pense aux élus locaux ou nationaux, aux fonctionnaires dans nos ministères. Quand j'échange avec certains qui ont fait d'autres choix professionnels que moi, la plupart me confient qu'ils sont impressionnés par ce que le service public exige comme engagement, comme dévouement.

Mais depuis vingt ans, à mon engagement s'est mêlé un sentiment d'incompréhension et parfois de frustration.

D'abord, à chaque nouvelle fonction, à chaque nouveau mandat, j'ai été animé par la volonté de me rapprocher encore du cœur du réacteur de l'action publique, de faire un pas de plus vers le lieu de décision. Pourtant, plus je progressais, plus je découvrais un monde dans lequel le pouvoir et les responsabilités semblaient s'échapper. Loin de l'idée que je pouvais m'en faire, alors étudiant ou jeune fonctionnaire, la puissance publique m'apparaissait chaque fois comme un peu plus entravée, contrainte ou évanescente.

Ensuite, et malgré une débauche collective d'énergie, de moyens, de compétences, d'engagement sincère pour le service public, j'ai été de plus en plus frustré par la lenteur de l'action publique, par le fait que nous ne donnons pas toujours satisfaction aux citoyens, que les résultats ne sont pas toujours là, et qu'au fond peu s'en préoccupent. Parce que nous ne savons plus toujours qui décide ni pourquoi.

J'ai vu à quel point l'engagement et l'énergie déployée par les acteurs publics se heurtaient à la difficulté d'agir, à la difficulté de décider, aux complexités inouïes, aux lenteurs qui finissent parfois par avoir raison de l'engagement des plus motivés, lassés de voir que leurs efforts ne produisent pas d'effets concrets dans la vie des gens.

Le constat est là : jamais la défiance de nos concitoyens envers l'État, les élus, les services publics et la politique n'a été aussi grande.

Jamais l'action publique n'a été aussi illisible, aussi impuissante, incapable de produire des évolutions positives pour nos concitoyens.

Jamais la tentation des populismes, qui s'accompagne parfois même du rejet de notre modèle démocratique, n'a semblé aussi prégnante.

Je suis persuadé que ces sujets sont liés.

Au terme de ces vingt ans, deux questions m'obsèdent. Pourquoi en sommes-nous arrivés là ? Comment sortir de la dilution du pouvoir, de l'impuissance publique et de la crise d'efficacité qui rongent notre démocratie ?

Notre modèle est devenu poussif, lent, générant la rancœur des citoyens et la frustration des agents. Nous avons empilé des normes, couches et des circuits de décision. Notre action publique s'est complexifiée d'année en année avec pour seules conséquences l'illisibilité et la lenteur. Cette dérive engendre également un coût faramineux pour nos finances publiques.

Cette réalité est bien perçue par nos concitoyens qui estiment que les résultats des services publics sont très largement déconnectés des moyens colossaux que nous y mettons ; mais également par des agents publics prisonniers eux aussi d'une bureaucratie envahissante qui entrave leur action et décourage parfois leurs initiatives.

Cette crise de l'efficacité de l'action publique que j'ai pu, comme d'autres, mesurer et vivre aux premières loges, est un enjeu politique majeur.

Elle n'est pas nouvelle mais fait aujourd'hui irruption dans le débat public avec fracas et contre-vérités. C'est le cas en Argentine avec l'arrivée au pouvoir de Javier Milei qui a fait campagne avec une tronçonneuse. C'est aussi le cas aux États-Unis avec la thématique de la lutte contre « l'État profond » portée par Donald Trump et Elon Musk.

Cette question s'impose aussi progressivement dans notre débat politique national avec la progression du sentiment d'incapacité des politiques à agir, du coût toujours plus élevé de nos services publics, de l'inflation des règles et des normes, de notre difficulté à répondre rapidement aux préoccupations du quotidien comme à celles de l'avenir et du sentiment que nous serions prisonniers de nombreux conservatismes qui nous empêcheraient d'avancer et d'agir.

Dans ce contexte, il est urgent de porter un regard lucide sur notre modèle d'action publique, à la fois sur la réalité de la situation, ses causes et sur le chemin que nous pourrions emprunter. C'est le sens de ce livre.

Si cette question me tient à cœur, c'est parce que, derrière le fonctionnement de nos services publics, c'est l'efficacité même de notre modèle démocratique qui est mise en cause. La montée des discours autoritaires, les attaques frontales contre l'État et nos institutions, les débats sur l'État de droit constituent autant d'alertes pour notre démocratie.

Si on ne s'intéresse pas sincèrement et objectivement aux causes souvent légitimes de cette défiance, on ne pourra pas la surmonter. La seule condamnation morale est vaine et bien insuffisante.

Pour contrer les discours populistes et la tentation, demain, d'un pouvoir fort et autoritaire, il faut engager une transformation profonde de notre modèle. Et commencer par reconnaître qu'il fonctionne mal, qu'il est épuisé, englué, incapable d'agir vite face aux enjeux immenses devant nous, que ce soient le climat, les nouvelles menaces extérieures, les bouleversements spectaculaires et rapides de l'intelligence artificielle (IA)… Il faut aussi acter que nos tentatives récentes, y compris celles auxquelles j'ai pu prendre part très directement, ont permis de corriger ou d'ajuster le problème à la marge. Mais elles ont échoué à opérer une refondation complète de notre État et plus largement de notre action publique frappée aujourd'hui par une véritable dissolution du pouvoir.

Je ne suis pas un tenant des discours déclinistes et n'accorde que peu de crédit aux prophètes de malheur, mais nous devons prendre la mesure de la situation et surtout comprendre les ressorts et les causes de la crise que nous traversons et qui menace de nous emporter.

La réalité, c'est que nous sommes confrontés aujourd'hui à un éclatement du pouvoir qui a généré une crise de la responsabilité. État, collectivités territoriales, opérateurs, autorités administratives indépendantes : puisque tout le monde est responsable de tout, personne n'est vraiment redevable de rien devant nos concitoyens.

Conséquence mécanique de cet effacement de la responsabilité, les résultats et l'efficacité de l'action publique passent au second plan puisque, au fond, on ne sait plus à qui attribuer les bons comme les mauvais points.

Le débat public et politique reste ainsi uniquement focalisé sur la question des moyens sans interrogation sur les résultats obtenus. Les dépenses engagées, la taille des budgets sont devenues les seuls indicateurs avancés du volontarisme politique. Peu importent le projet ou la vision, le seul objectif poursuivi est d'obtenir un budget plus important que l'année précédente. C'est finalement le piège dans lequel nous sommes tombés, celui qui consiste à penser que la réponse à la crise de l'action publique serait de mettre toujours plus d'argent sans se soucier des causes profondes de notre impuissance publique. Des moyens supplémentaires dans un système qui dysfonctionne continueront à alimenter la contestation de notre modèle et à rendre moins évident le consentement à l'impôt.

L'autre piège qui plane au-dessus de nos têtes, c'est la tentation autoritaire qui s'appuie précisément sur les difficultés de notre modèle démocratique à retrouver de la capacité à agir, à produire des résultats rapidement et perceptibles par les Français.

*

Pour toutes ces raisons, je suis convaincu qu'il y a urgence à ouvrir une autre voie, celle qui assume le constat d'épuisement de notre modèle, la nécessité de réformes profondes et parfois radicales, pour répondre à la crise de l'impuissance publique et redonner ainsi la vitalité qu'une démocratie comme la France est en droit d'exiger. Certaines crises récentes que nous avons traversées, comme celle du Covid, où les acteurs publics ont dû revoir leurs règles, leurs modalités de décision dos au mur, démontrent que c'est possible.

C'est à ce prix que nous écarterons les menaces qui pèsent sur nous et nos services publics, sans repousser à demain cette indispensable remise en question. Transformer l'action publique n'est plus une option, c'est une nécessité démocratique.

Pour y parvenir, il n'y a pas d'autre solution que celle de créer une forte adhésion populaire à un vrai projet massif de transformation. Pour cela, deux options : celle du référendum ou celle d'un candidat dont le programme présidentiel est fondé sur cette question. De cela tout découle. Sans une réforme profonde de notre action publique et malgré toutes les bonnes volontés, le mandat du prochain locataire de l'Élysée sera voué à l'échec et à l'impopularité. De nouveau, on donnera du grain à moudre aux populistes de tout bord, en se demandant ce qu'il s'est passé, en accusant les autres ou les réseaux sociaux, en nous convainquant que c'est le lot de tous les pays. Je refuse ce fatalisme. Les extrêmes se nourrissent de notre impuissance collective et je suis convaincu qu'y mettre un terme, c'est enrayer la spirale populiste dans laquelle nous sommes entrés il y a déjà plusieurs années.

1

L'action publique en panne, la démocratie en péril

À y regarder de près, la crise de notre démocratie puise beaucoup de son carburant dans la défaillance de l'action publique. Les citoyens considèrent que le vote a moins ou peu d'impact, qu'ils ne savent pas qui est responsable de quoi, que les changements pour répondre aux attentes sont longs et n'arrivent pas jusque dans le quotidien. La défiance s'est progressivement installée dans notre pays et avec elle les interrogations sur notre modèle démocratique, son efficacité et, parfois même, son utilité, la menaçant à terme si rien n'est fait.

Un modèle à bout de souffle marqué par l'impuissance publique

Aujourd'hui, tous les voyants ont viré au rouge : satisfaction des usagers du service public, dette publique, consentement à l'impôt, défiance envers les institutions… Notre modèle montre au fond tous les signes d'une fatigue, d'un épuisement généralisé.

Je crois qu'il est indispensable de reconnaître cet état de fait sans nous voiler la face. Oui, la crise que nous traversons est profonde et inquiétante. Oui, on peut, comme c'est mon cas, être très attaché à nos services publics, reconnaître l'engagement des agents publics et dans le même temps appeler un chat un chat : notre modèle est en panne, à l'arrêt, coûteux, contesté et donc menacé.

Selon la dernière enquête de la fondation Jean-Jaurès avec OpinionWay en février 2025, plus de 60 % d'entre eux ne sont pas satisfaits de la qualité des services publics. Trois quarts d'entre eux ont déjà vécu une mauvaise expérience avec le service public et attendent plus de « sur-mesure », c'est-à-dire un service personnalisé et non un service public uniforme et monolithique.

Dans le champ de l'éducation, les résultats ne sont plus au rendez-vous si l'on se réfère à la publication régulière des études internationales. C'est la même chose dans le secteur de la santé malgré les moyens considérables qui y sont consacrés. Le seul « Ségur de la santé », plan lancé en 2020 pour répondre aux besoins de notre système de soins, représente 20 milliards d'euros d'investissement dans l'hôpital public, sans compter les revalorisations salariales du personnel.

C'est bien là le paradoxe de la situation que nous vivons. Les critiques, les insatisfactions sont nombreuses alors même que le service public coûte toujours plus. Et parce que les difficultés persistent, la surenchère sur les moyens se poursuit, enclenchant une course effrénée de la dépense souvent sans effets tangibles. C'est comme si, pour répondre à cette insatisfaction, nous courions en permanence derrière les résultats de nos services publics à coups de millions et milliards d'euros…

Cela se traduit concrètement dans le niveau de dépenses publiques qui n'a cessé de progresser ces dernières années et avec lui le niveau de prélèvements obligatoires. Avec près de 58 % de dépenses publiques par rapport à la richesse nationale, nous sommes non seulement le pays européen où la dépense publique est la plus élevée mais aussi de tous les pays de l'OCDE. Corollaire de ce constat, le niveau de prélèvements obligatoires, 48 % de la richesse nationale, est lui aussi le plus élevé de l'Europe et de l'OCDE. Notre modèle est donc à la fois le plus coûteux et le plus généreux des pays développés, désormais devant les pays du nord de l'Europe qui pourtant se caractérisent traditionnellement, eux aussi, par un haut niveau de dépenses publiques.

Les Français ont bien conscience que notre modèle coûte cher mais ils n'ont pas le sentiment d'en avoir pour leur argent. Cette insatisfaction entame le principe du consentement à l'impôt. La dernière enquête du Conseil des prélèvements obligatoires, organisme rattaché à la Cour des comptes, met en avant dans son baromètre des prélèvements fiscaux et sociaux que plus de trois Français sur quatre pensent que le niveau des impôts est trop élevé. 67 % d'entre eux ne sont pas satisfaits de la manière dont ils sont utilisés et moins d'un tiers font confiance à l'État pour gérer leur argent ! Malgré tout, plus de la moitié n'est pas prête à accepter une baisse de dépenses publiques en contrepartie d'une baisse d'impôts. C'est bien là l'une des plus grandes de nos difficultés ; j'y reviendrai.

*

Cette insatisfaction est aussi le fruit de la surenchère normative dans laquelle nous sommes entrés depuis des décennies. Le développement de normes et de règles qui alimentent une bureaucratisation sans fin nourrit le ressentiment de nos concitoyens qui ont la désagréable sensation que la moindre démarche administrative peut vite devenir un combat. Ces normes et cette complexité entravent et pénalisent également les agents publics eux-mêmes qui doivent sans cesse s'adapter à de nouvelles règles, les comprendre et les appliquer. Face à eux, des citoyens médusés qui les tiennent souvent pour responsables des lourdeurs qu'ils subissent eux-mêmes au quotidien. Et ce constat est valable dans tous les pans de notre société. J'y suis confronté dans l'intégralité de mes rencontres dans ma circonscription, des architectes dans le cadre de projets de constructions nouvelles aux chercheurs de l'université, des entrepreneurs dans l'innovation aux citoyens dans leur quotidien : tous me témoignent de leurs difficultés face à un empilement de démarches et de normes.

En plus d'affecter directement la qualité de nos services publics, cette complexité administrative, cet empilement de normes dénoncé depuis de nombreuses années conduit à annihiler toute forme de changement. Le pays est alors condamné à la lenteur dans son entièreté.

Prenons l'exemple de l'urbanisme et du logement. Le Plan local d'urbanisme (PLU) est un document qui traduit le projet politique d'aménagement et de développement du territoire et fixe les règles et modalités de mise en œuvre de cette politique dans la ville.

Destiné à répondre aux différents enjeux concernant l'habitat, la mobilité, les activités économiques ou l'environnement, le PLU est un des outils majeurs de retranscription du projet politique communal ou intercommunal – PLU(i).

Or, pour revoir un plan local d'urbanisme, qui définit les règles applicables en matière de construction et d'aménagement, il faut *a minima* cinq à six ans. Cela correspond à la période d'élaboration, en passant par la concertation, les consultations, les évaluations environnementales et l'enquête publique pour enfin aboutir au bilan. À la métropole de Bordeaux par exemple, la dernière révision a été engagée en 2010 et a abouti fin 2016. Ainsi, avec ces délais, une nouvelle équipe à la tête de la métropole ne peut pas espérer voir son projet urbain traduit dans son plan d'urbanisme avant la fin de son premier mandat ! Elle peut espérer au mieux imprimer sa marque à compter du deuxième mandat… ou bien voir ce travail remis en cause par une nouvelle équipe qui devra elle aussi passer par ces longues années de gestation. Et une fois cette révision enfin réalisée, il est probable que le contexte ait changé, rendant le document en partie obsolète par rapport aux besoins du territoire ; ce qui nécessiterait alors de remettre l'ouvrage sur le métier… C'est une spirale sans fin.

Ces dernières décennies, les Français ont exprimé leur déception sur la capacité des pouvoirs publics à agir vite alors que dans leur vie de tous les jours ils bénéficient de services toujours plus rapides et plus simples, notamment grâce au numérique. L'écart s'est, d'une certaine manière, creusé entre l'expérience de certains services privés et les services publics avec naturellement des exceptions notables comme la dématérialisation de la déclaration d'impôts largement plébiscitée par les Français. Les élus locaux, aussi, dénoncent un alourdissement régulier des procédures, consultations, exigences techniques et marchés publics, qui ralentissent ou parfois compromettent leurs projets d'aménagement.

Mais les signes de l'épuisement du modèle ne s'arrêtent pas là. Ils prennent d'autres formes. Parmi elles, la difficulté de recrutement des agents publics sur des missions aussi essentielles que l'enseignement, la santé ainsi que dans la plupart des autres secteurs de l'action publique. Les problèmes très aigus d'attractivité de la fonction publique constituent l'autre face perceptible et concrète de la crise de notre modèle. Les agents publics souffrent eux-mêmes de nos dysfonctionnements collectifs. Selon une étude récente de France Stratégie, le nombre de candidats aux concours de la fonction publique a été divisé par trois entre 2010 et 2022. Là où il y avait 12 candidats par poste en moyenne, il n'y en a plus que quatre ! 15 % des postes dans la fonction publique d'État n'ont pas été pourvus faute de candidats. Pire encore, les académies de Versailles et de Créteil comptent moins de candidats admissibles que de postes d'enseignants à pourvoir, conduisant à la pénurie d'enseignants à chaque rentrée mais aussi à des interrogations sur le niveau auquel ils sont recrutés.

*

La critique de ce modèle coûteux, qui ne donne pas satisfaction, incapable d'obtenir rapidement des résultats ou de répondre aux attentes des citoyens n'est pas nouvelle. Nous l'avons vue s'installer progressivement et se développer. Avec chaque fois des remèdes inefficaces voire néfastes.

Le premier remède aura d'abord et systématiquement consisté à mettre toujours plus d'argent, à conjurer la crise de l'efficacité par la tentation du porte-monnaie : toujours plus de crédits, toujours plus de moyens… rarement plus de résultats. Pire, l'un des seuls leviers d'action est devenu le levier budgétaire. Les annonces politiques sont dans la plupart des cas des annonces de dépenses supplémentaires pour pallier telle ou telle difficulté sans jamais s'intéresser à la racine du problème. En arrivant à Bercy, nous avons constaté avec mon équipe que mes collègues du gouvernement avaient le sentiment que promettre une somme en dessous d'un milliard d'euros n'avait aucune valeur et ne passerait pas « le mur du son », c'est-à-dire qu'elle ne deviendrait pas un objet médiatique, tant nous avions pris l'habitude de distribuer des montants colossaux au cœur de toute forme d'action politique, coutume renforcée par la période de crise sanitaire que nous avons traversée.

La question de l'efficacité est pourtant récurrente. Des gouvernements successifs de Nicolas Sarkozy et sa révision générale des politiques publiques à François Hollande et son choc de simplification jusqu'à plus récemment Emmanuel Macron et le « CAP 22 », tous les présidents ont tenté de s'y atteler. Ils percevaient bien que pour agir il fallait retrouver une capacité à décider, à mettre en œuvre et à obtenir des résultats. La plupart des responsables politiques ont éprouvé la frustration de ne pas pouvoir agir et du temps qu'il fallait pour obtenir des avancées concrètes de l'inextricable enchevêtrement des responsabilités des uns et des autres, des retours de nos concitoyens sur l'absence de changements palpables, concrets.

Hélas, ces critiques ont donné lieu à des tentatives d'amélioration mais elles n'ont jamais réussi à changer en profondeur notre façon de faire. Elles ont obtenu des résultats, des avancées, mais elles n'ont jamais provoqué de changements d'ampleur. Par manque d'ambition parfois, par des conservatismes puissants le plus souvent.

J'ai pu le constater en 2018, lors de ma nomination comme délégué interministériel à la transformation publique. Pour nourrir un programme ambitieux de réformes, le Premier ministre Édouard Philippe avait alors lancé le projet « CAP 22 ». Ce dernier réunit une quarantaine d'experts du public, du privé et du monde associatif, français et internationaux, aux sensibilités politiques variées. Le Premier ministre en confie la présidence à trois personnalités : Véronique Bédague, dirigeante de Nexity et ancienne directrice de cabinet du Premier ministre

Manuel Valls, Ross McInnes, président de Safran, et Frédéric Mion, directeur général de Sciences Po. Il me revenait d'en coordonner les travaux. Après six mois, le rapport est prêt : « Se réinventer pour mieux servir : 22 propositions pour changer de modèle ». Le constat est clair et consensuel : une réforme profonde est indispensable.

Au-delà des économies, le comité plaide pour une transformation organisationnelle du service public. Il aboutit à un plan précis, documenté, avec près de 30 milliards d'euros d'économies. Mais certaines recommandations inquiètent. Le gouvernement redoute « d'allumer des incendies » dans plusieurs secteurs compte tenu de propositions qui ne manqueront pas de faire polémique, comme la réforme des droits d'entrée à l'université, la remise en cause de la fiscalité du logement ou la gestion des petites lignes ferroviaires, pour n'en citer que quelques-unes. Le rapport est donc mis en attente, puis fuite dans la presse, provoquant la réaction du gouvernement qui s'en désolidarise. Il ne sera jamais publié, ou plus tard en catimini, et la dynamique retombe mécaniquement. C'est pour moi un regret. Si l'ambition réformatrice a été au cœur de l'action du Président depuis 2017 dans le champ économique et social en particulier, permettant d'obtenir des résultats historiques sur le front de l'emploi par exemple, il n'en aura pas été de même sur la question de l'action publique.

Cela ne veut pas dire que rien n'a été fait durant la période : nous avons amélioré l'évaluation des services publics, engagé la déconcentration des administrations centrales, réformé l'organisation territoriale de l'État, créé les maisons France services… mais sans changement systémique qui seul permettra de remettre l'action publique sur les bons rails.

Le contexte, en particulier la crise des Gilets jaunes, a indiscutablement pesé dans l'échec de cette dynamique. Mais surtout, ma conviction, c'est qu'une telle transformation conditionne l'efficacité de tous les projets politiques et qu'elle ne peut être conduite en marge du programme gouvernemental. Elle a pourtant suscité l'hostilité de ministres qui ne soutenaient pas les propositions venues perturber leurs propres priorités. Sans soutien politique fort, la transformation ne peut aboutir.

*

Au-delà de la « grande » réforme d'ensemble, j'ai vécu la difficulté de déplacer le moindre curseur sur des sujets de plus petite ampleur et plus circonscrits. C'est le cas par exemple de la politique immobilière de l'État. J'en avais la responsabilité comme ministre des Comptes publics. C'est à ce titre que j'ai souhaité porter une réforme structurelle qui me semblait cruciale. L'immobilier de l'État, c'est 100 millions de mètres carrés répartis partout sur le territoire. Des bureaux des ministères à une ancienne gendarmerie désaffectée, en passant par le musée du Louvre, l'État possède un gigantesque patrimoine foncier. À chaque mètre carré correspond un coût important d'entretien, de chauffage, et des enjeux de rénovation au regard de notre ambition climatique. Chaque année, la politique immobilière de l'État fait l'objet de critiques. Tantôt de la part de la Cour des comptes, tantôt de celle des parlementaires avec toujours un même constat : l'État possède trop de mètres carrés. Comment peut-on concevoir que les agents du secteur public disposent dans les bâtiments de bureau de plus de 20 mètres carrés par personne quand c'est moins de la moitié dans le secteur privé ? Dans le même temps, sa gestion est éclatée, aucun ministère ne paye de loyer – ce qui n'incite pas à réduire les surfaces –, et ce patrimoine finit par se dégrader. Les moyens consacrés à l'immobilier sont éclatés et sont les premiers à faire l'objet de coups de rabot budgétaires, ce qui repousse toujours à demain les projets qui permettraient de réaliser des économies pour l'environnement et pour le budget de l'État. J'ai souhaité engager la création d'une foncière immobilière, sorte de structure qui rassemblerait l'ensemble du patrimoine de l'État. C'est à elle que reviendrait d'assurer la bonne gestion de ce patrimoine, en faisant payer des loyers aux ministères concernés. C'est une idée qui fait son chemin depuis plusieurs années et qui est proposée avec constance par certains parlementaires dont les députés Jean-Paul Matteï, président du Conseil de l'immobilier de l'État, ou encore François Jolivet. C'est une réforme de bon sens, à l'image de ce qui se pratique dans plusieurs pays européens depuis des années, en Allemagne ou en Finlande. Afin que cette réforme voie le jour en France, il a fallu un an de travail intense en mobilisant les équipes de Bercy pour construire le projet le plus abouti possible. Mais nous avons dû alors faire face à la résistance des ministères qui n'y voyaient qu'une perte de leurs prérogatives. J'ai dû négocier, aménager le dispositif et finalement le proposer à titre expérimental pour les seuls ministères volontaires et donc réduire sensiblement sa portée. Il a ensuite fallu convaincre le Premier ministre du bien-fondé de son inscription dans le projet de budget pour l'année 2025 – ce qui fut fait et surtout repris par les deux gouvernements suivants. Cela signifiait donc une première victoire vers une réforme d'ampleur au service de nos finances publiques et de la rationalisation du patrimoine public. Mais l'article qui portait création de la foncière fut censuré par le Conseil constitutionnel, à la suite de la saisine du Rassemblement national, sans autre forme de procès, considérant qu'il n'avait rien à faire dans une loi de finances. Résultat : retour à la case départ. Et presque deux ans plus tard, cette foncière n'a toujours pas vu le jour, condamnant la gestion de nos mètres carrés à l'impasse… À l'Assemblée, comme député, je n'ai pas renoncé et j'ai poursuivi ce travail en déposant une proposition de loi transpartisane avec 130 collègues parlementaires de différents groupes pour continuer à défendre cette réforme structurelle indispensable. Je savais que la réforme était un sport de combat, mais j'ai appris qu'elle était aussi un sport d'endurance ! Cet exemple illustre bien les difficultés que nous vivons et ce sentiment qui finit par gagner les esprits, y compris ceux de la meilleure volonté : il est impossible de bouger !

*

Et pourtant j'ai la conviction que nous pouvons retrouver la capacité d'agir vite, de prendre des décisions, de nous adapter et d'obtenir des résultats. J'en veux pour preuve que, dans les situations de crise, dos au mur, nous trouvons les moyens d'avancer. Ce fut le cas pendant la crise du Covid par exemple. Face à l'urgence de la situation, fini, les processus de décision interminables, de procrastination : il a fallu faire des choix et répondre à l'urgence. Sur l'achat des masques, sur l'organisation des confinements, sur l'organisation des soutiens aux entreprises, sur la vaccination, ce fut le retour d'une action publique souple et rapide.

C'est ce qui s'est passé également pour tenir les délais d'organisation des jeux Olympiques et livrer les équipements en temps et en heure. En 2018, le Parlement a adopté une loi qui a revu et simplifié des procédures d'enquête et un certain nombre de règles d'urbanisme, ce qui a permis de réduire considérablement les délais.

Ma conviction est que rien ne nous condamne à l'impuissance et à la lenteur si ce n'est le manque d'ambition et de volonté. Ces exemples en sont la preuve.

Mais il n'est pas concevable que nous ne soyons capables de renouer avec une rapidité d'action efficace que lorsque nous sommes dos au mur. L'efficacité de l'action publique doit devenir la règle, pas l'exception.

L'inefficacité publique, carburant de la crise démocratique

La crise démocratique que nous traversons est profonde et s'est durablement installée dans notre pays.

Elle se manifeste par un niveau de défiance historique envers les élus et les institutions qu'ils représentent. À chaque nouvelle enquête, en particulier celle menée chaque année par le Cevipof, c'est le même constat : la confiance dans la classe politique se dégrade. Cette dernière génère toujours plus de rejet et toujours plus de défiance. Cette chute s'est accentuée ces dernières années avec le fonctionnement chaotique de notre vie publique.

Selon le dernier baromètre, trois quarts des Français pensent que les élus sont corrompus, une immense majorité estime qu'ils sont déconnectés des préoccupations des citoyens. Ces chiffres ne traduisent pas un désintérêt des Français pour la politique mais bien le rejet de ceux qui en sont aujourd'hui les acteurs.

Au-delà de ce rejet massif, ce qui paraît le plus inquiétant dans cette rupture de confiance, c'est qu'elle affecte les institutions elles-mêmes et pas seulement leurs représentants. 68 % des Français considèrent que la démocratie ne fonctionne pas, 20 points de plus qu'il y a quinze ans.

La défiance se traduit dans la participation ou plutôt dans la non-participation aux élections. Les élections présidentielles, historiquement marquées par une forte mobilisation, n'y échappent pas. Après un pic en 1974 avec 87 % de participation au second tour, la tendance s'inverse lentement, et en 2022 elle tombe à 72 %, son plus bas niveau depuis 1969. La présidentielle reste malgré tout l'élection qui rassemble le plus. Le constat est plus inquiétant pour tous les autres scrutins ou la participation est en baisse. Alors que les élections législatives mobilisaient 80 % des électeurs dans les années 1970 et 1980, moins d'un électeur sur deux s'est déplacé en 2022. Il faut noter toutefois que lorsque les électeurs perçoivent un enjeu important et donc un impact potentiel de leur vote, la participation s'améliore. Ce fut le cas pour les élections législatives anticipées en 2024, à la suite de la dissolution de l'Assemblée nationale par le président de la République, avec un rebond de la participation à 67 %.

Les européennes mobilisent également de moins en moins les électeurs. La participation a toujours été inférieure à celle constatée lors du premier scrutin en 1979, lors duquel 61 % des Français avaient voté.

S'agissant des élections locales, la chute est vertigineuse. Les dernières élections régionales et départementales en 2021 ont mobilisé un tiers seulement des électeurs, un chiffre en baisse constante. Les élections municipales suivent la même tendance. Si les élections de 2020 se sont déroulées dans un contexte très particulier en raison du Covid, ce qui peut expliquer une participation tout juste supérieure à 40 %, la mobilisation des électeurs n'a eu de cesse de décliner, notamment à partir des années 2000.

Cette faible participation est bien le symptôme de la crise de confiance que nous traversons avec pour conséquence un affaiblissement de la légitimité des élus issus des scrutins.

J'ai eu l'occasion de me pencher dans le détail sur ce sujet pendant plusieurs mois. L'Assemblée nationale a créé en décembre 2024 une commission d'enquête sur l'organisation des élections en

France. Cette commission d'enquête a été initiée par le groupe de La France insoumise, ce qui, conformément aux usages parlementaires, signifiait que sa présidence revenait à un membre de la majorité. J'ai ainsi été désigné président de cette commission et, pendant six mois, j'ai dirigé les auditions avec un fil rouge, une interrogation centrale : comment inciter les Français à aller voter ?

Pendant six mois, nous avons passé l'acte de vote au peigne fin. Les modalités d'inscription sur les listes électorales, la mal-inscription, l'impact des sondages, les modalités alternatives de vote… Pour cela, nous avons auditionné très largement : politologues, sociologues, équipes du ministère de l'Intérieur, élus locaux, autorités de régulation, instituts de sondage, CNIL, responsables des chaînes d'information et des réseaux sociaux…

Après des centaines d'heures d'échanges, une évidence s'est imposée : les réflexions sur les modalités du vote – sa simplification, la possibilité d'un vote électronique ou à distance – ne suffisent pas à expliquer l'abstention et il ne faut pas en attendre des solutions miracle pour l'enrayer. Certains obstacles pratiques persistent et peuvent être levés, mais ils ne sont pas la cause principale du désengagement démocratique.

Si les Français boudent les urnes, ce n'est pas à cause d'un processus qu'ils jugent archaïque ou complexe, ce n'est pas à cause de la nécessité de se déplacer dans l'isoloir, mais en raison de la perception qu'ils ont du vote en lui-même. Autrement dit, la question n'est pas de savoir comment voter ni de remettre en cause ce qui s'apparente à un rituel républicain, mais plutôt de savoir pourquoi voter, avec le sentiment parfois que cela n'a plus beaucoup de conséquences sur le cours de leur vie.

La plupart des personnes auditionnées partageaient ce constat : aucune réforme technique ou procédurale, qui peut apparaître utile par ailleurs, ne suffira à réconcilier les Français avec les urnes tant que ne sera pas restaurée une conviction élémentaire : celle que voter peut encore changer quelque chose. Combien de fois, notamment lors de mes porte-à-porte pendant les campagnes électorales, des habitants de ma circonscription m'ont-ils expliqué qu'ils ne se rendaient plus aux urnes car ils considéraient que cela ne servait à rien, ne les concernait pas, car rien ne changerait dans leur quotidien. Bien sûr, je cherche chaque fois à leur démontrer que notre pays, et donc leur vie ne seraient pas les mêmes selon le vainqueur des élections, mais le taux d'abstention élevé aux législatives et aux élections locales entre autres confirme que nous avons de plus en plus de mal à convaincre.

On touche du doigt le cœur du problème : l'impuissance publique. Les critiques sur l'efficacité et la capacité à agir des élus conduisent alors les citoyens à s'interroger sur le fonctionnement même de la démocratie, voire de l'État de droit. Si elle est assimilée à des élus qui déçoivent par leur incapacité à pouvoir changer le cours des choses, à des règles trop complexes et à une administration trop lente, trop coûteuse, il y a alors le risque de voir émerger une envie de renverser la table, ou plutôt de la casser !

Cette tentation, elle est bien là, sous nos yeux. C'est celle des populismes qui, par un pouvoir autoritaire, ne feront que peu de cas de nos institutions et de l'État de droit en promettant des résultats spectaculaires et rapides.

Et c'est bien ce que l'on constate dans les enquêtes d'opinion, une percée de la tentation autoritaire. C'est ce que nous observons dans d'autres pays, comme en Argentine, aux États-Unis, mais aussi dans certains pays européens comme la Hongrie. Milei comme Trump ont « vendu » à leur électorat le retour de la puissance politique sur le plan intérieur, de la capacité à agir, vite et fort – pour ce qui est d'agir bien, c'est moins certain. Derrière la promesse de faire la peau aux fonctionnaires oisifs comme à la machine étatique profonde, c'est un tout autre projet qui s'impose, celui de la destruction méthodique de l'État et des institutions.

*

C'est le drame qui nous guette aussi en France : l'adhésion à une tentation autoritaire comme réponse à notre propre impuissance publique. Car la question des services publics est un élément déterminant du choix que font les Français dans les urnes. Par exemple, d'après une étude OpinionWay pour le think thank Le Sens du service public et la fondation Jean-Jaurès, ceux qui se sont tournés vers l'extrême droite ou vers La France insoumise en 2022 ou en 2024, sont aussi les plus insatisfaits de la qualité des services publics.

Plus de la moitié des Français pensent désormais que seul un pouvoir fort et centralisé peut garantir l'ordre et la sécurité, selon la dernière enquête de l'IFOP pour le Conseil économique social et environnemental (CESE). Plus de 70 % partagent l'idée que le pays a besoin d'un chef pour remettre de l'ordre et près d'un sur deux approuve « qu'il vaut mieux moins de démocratie mais plus d'efficacité ». C'est ce que nous observons ailleurs également. En 2023, la fondation Jean-Jaurès a mis en lumière de façon très nette la montée de l'« autocratisation » dans les démocraties occidentales ; avec la progression de la demande pour des leaders forts et la contestation des institutions. L'antiparlementarisme croissant en est l'un des exemples les plus frappants. Combien de fois dans ma circonscription à Bordeaux ai-je été interpellé sur le fonctionnement de l'Assemblée nationale ? Je constate en ces occasions l'image profondément dégradée de l'institution, alors même que, au-delà des invectives, des querelles parfois stériles et des outrances, elle continue de fonctionner et de travailler, y compris en trouvant des majorités sur des textes utiles et importants.

Alors que la démocratie semble entravée dans son action et vaciller sur ses bases, c'est bien la quête d'une plus grande efficacité de l'action de l'État et la puissance publique qui sont en jeu. Car rien ne justifie qu'il faille choisir entre démocratie et efficacité.

C'est l'installation pernicieuse de ce dilemme qui opposerait efficacité et résultats d'un côté et État de droit de l'autre qui représente une véritable menace pour nos institutions et notre démocratie.

Pour répondre à la crise démocratique et repousser le spectre d'une dérive autoritaire, il faut prendre le temps d'ouvrir le capot du moteur, comprendre pourquoi nous avons été gagnés par une forme de paralysie collective, et ainsi agir sur ses causes profondes.

C'est en répondant aux maux qui rongent notre modèle que nous pourrons rebâtir notre capacité à agir et redonner confiance dans notre modèle démocratique. C'est le sens de ce livre, des constats qu'il pose et des propositions qu'il esquisse.

2

Face à l'impuissance publique, retrouver la capacité d'agir

Pour comprendre la crise démocratique que nous traversons et en particulier la montée des critiques sur l'impuissance publique, il faut revenir à l'évolution du pouvoir dévolu aux responsables politiques. Ce pouvoir s'est considérablement restreint ces dernières années, alimentant un décalage croissant entre les attentes des citoyens, les promesses et la capacité réelle des élus à y répondre.

Le pouvoir politique battu en brèche

Le champ politique s'est rétréci, les élus et les responsables politiques voient leurs prérogatives s'affaiblir au fil des décennies, alors même que les Français espèrent élire des responsables politiques capables d'obtenir des résultats.

Ce recul du politique est d'abord lié au transfert d'un certain nombre de prérogatives et de responsabilités au niveau européen. C'est d'ailleurs plus un transfert qu'un recul, dans la mesure où il existe désormais un Parlement européen qui nourrit le débat politique européen et incarne une représentation populaire.

En revanche, en France comme dans d'autres pays, les prérogatives et les marges de manœuvre des élus ont été progressivement grignotées par le développement d'autorités administratives indépendantes. Il en existe plus d'une vingtaine (CRE, ARCOM, ANSES, CNIL, Autorité de la concurrence…) qui ont la charge de réguler des secteurs entiers sous l'impulsion, dans la plupart des cas, du droit européen. Derrière cette multiplication d'instances, il y a l'idée que le responsable politique, élu démocratiquement, incarnation de la volonté du peuple, n'est plus en mesure de décider ; que certains sujets sont trop importants ou bien trop compliqués pour être laissés à la main de personnes non spécialistes. Régulation de l'énergie, des transports, des communications, des médias, des jeux… Aucun sujet n'est épargné par les décisions d'une autorité qui ne dépend pas des représentants du peuple. C'est d'ailleurs souvent le fait d'une obligation européenne. Si ces autorités garantissent une régulation impartiale, elles peuvent entrer *de facto* en concurrence avec l'exécutif national sans partager les mêmes contraintes, politiques ou financières. La ou le ministre en charge de l'Énergie voit une partie de ses compétences exercées par la Commission de régulation de l'énergie, *idem* pour les transports avec l'Autorité de régulation des transports ou bien les questions de fusion d'entreprises et de concurrence qui relèvent de l'Autorité de la concurrence, nationale ou européenne, et non du ministère de l'Économie.

Ce mouvement s'inscrit dans le cadre notamment de la création du marché européen qui nécessitait de s'assurer que les États jouaient bien le jeu d'une concurrence libre et non faussée en limitant leur interventionnisme.

Cela a entraîné une dépossession du politique et a limité la capacité des élus à agir directement sur certains sujets stratégiques. Parce que des décisions majeures échappent aux responsables politiques, leur légitimité est questionnée et leur pouvoir d'action mal compris. Il y a alors parfois de vraies confusions. Prenons l'exemple de la polémique sur l'arrêt de la chaîne C8 et de son animateur star Cyril Hanouna par l'ARCOM en raison du non-respect par cette chaîne de la réglementation en vigueur qui, bien que prise par une autorité indépendante, a été vue par certains comme une décision politique.

*

Les citoyens exigent, à raison, que leurs élus puissent répondre à leurs attentes et agir concrètement. C'est ce que j'ai pu pleinement mesurer depuis le début de mon premier mandat de député. Quelques mois après mon élection par exemple, en pleine crise inflationniste, je suis interpellé par les commerçants de Bordeaux et de la métropole. Par l'intermédiaire du président de leur association, ils m'exposent leurs inquiétudes : ils ne se sentent pas protégés face à l'envolée des loyers commerciaux, qui s'ajoute à la persistance de l'inflation. Beaucoup d'entre eux subissent de fortes revalorisations de loyers, exigées par les propriétaires et les foncières.

En 2022, avec un taux d'inflation de 5,2 %, les commerçants avaient bénéficié d'un plafonnement des loyers par la loi à 3,5 %. Cependant, en 2023, l'inflation était restée proche des 5 %, et ce dispositif de plafonnement devait expirer à la fin du mois de juillet. Les commerçants craignaient alors une explosion des loyers à partir de l'été et la fragilisation de nombreuses enseignes. D'où leur sollicitation pour obtenir une solution rapide.

Face à l'urgence, je me rapproche d'Olivia Grégoire, alors ministre chargée du Commerce et de l'Artisanat, pour la sensibiliser à ce problème. Nous constatons rapidement qu'aucun texte législatif en cours ne permet de prolonger ce bouclier et qu'en l'état la protection s'arrête. Une proposition de loi s'impose comme la seule solution, mais les délais sont extrêmement courts pour qu'elle soit votée et promulguée avant juillet.

Convaincu que l'intérêt du mandat d'un député est de répondre aux inquiétudes légitimes de ceux qu'il représente, je m'engage alors dans une véritable course contre la montre.

Je rédige une proposition de loi visant à prolonger le plafonnement des loyers et réussis à convaincre mon groupe parlementaire d'inscrire le texte à l'ordre du jour de l'Assemblée nationale. Très vite, mes collègues et la présidente du groupe partagent mon avis : laisser les loyers flamber en juillet serait impensable. Le texte est élargi pour inclure les locataires particuliers, eux aussi bien évidemment concernés par l'impact de l'inflation sur les loyers.

Mais cet élargissement ne va pas de soi. Au départ, le ministère du Logement n'avait pas anticipé la question des loyers d'habitation. Il nous a fallu insister pour que cette mesure soit intégrée dans le dispositif. Ce retard illustre bien un certain manque de coordination : à la veille du dépôt, le texte était encore incomplet. Finalement, nous sommes parvenus à inclure de justesse dans ce projet la situation des locataires particuliers, offrant ainsi une protection globale face à la hausse des loyers.

Ce qui semblait, au départ, relativement consensuel se révèle pourtant bien plus compliqué. Certaines oppositions, notamment les députés de

La France insoumise, dénoncent un texte qu'ils considèrent comme une augmentation des loyers. Une accusation infondée : nous ne faisons que plafonner une hausse déjà prévue dans les baux, pour éviter qu'elle ne devienne insoutenable.

D'autres critiques émergent au Sénat, où la proposition de loi est rejetée. Les sénateurs jugent le calendrier trop précipité : trois mois pour faire adopter un tel texte, reconnaissons-le, relève du défi, mais l'argument que nous irions trop vite alors qu'il y a urgence me paraît complètement décalé et laisse sans voix ! La commission mixte paritaire, qui réunit des députés et des sénateurs pour trouver un accord, échoue, et l'incertitude grandit.

Malgré ces obstacles, nous tenons bon. Une nouvelle lecture à l'Assemblée nationale est organisée le 8 juin, suivie d'un nouvel échec au Sénat. Finalement, grâce à la procédure de lecture accélérée, l'Assemblée, qui a le dernier mot, adopte la loi le 23 juin. Le plafonnement des loyers est alors acté, juste à temps pour éviter une flambée en juillet. Ce fut un vrai soulagement pour celles et ceux qui m'avaient sollicité et pour moi le sentiment d'avoir été utile.

*

Or, il faut bien le dire, les cas de figure où nous pouvons agir directement et obtenir des résultats rapides relèvent de l'exception. L'action publique est devenue plus complexe, plus lente et finalement loin des idées reçues et de l'image de Jupiter si souvent convoquée pour décrire l'exercice du pouvoir par Emmanuel Macron. La réalité aujourd'hui, c'est que, dans de nombreux domaines, et même pour la plupart des politiques publiques, si on met de côté la défense, le Président et le pouvoir exécutif ne peuvent agir seuls.

Cette déconnexion entre les attentes d'un côté et le pouvoir réel de l'autre alimente la déception légitime des citoyens et contribue à abîmer le lien de confiance avec les élus.

J'ai pu l'expérimenter directement dans le cadre d'une autre initiative parlementaire que j'ai prise et qui aboutira au résultat parfaitement inverse de celui du plafonnement des loyers. Il s'agit de la loi que j'ai portée sur la rénovation énergétique des bâtiments publics. Certains sujets, pourtant essentiels, restent longtemps dans l'ombre avant qu'une opportunité législative ne permette enfin de les concrétiser. C'est dans ce contexte que j'ai été invité à porter un texte que l'exécutif de l'époque n'arrivait pas à faire aboutir. L'idée, née dès le Grenelle de l'environnement sous l'impulsion de Jean-Louis Borloo en 2010, était simple : permettre à l'État et aux collectivités territoriales de recourir à des acteurs privés pour réaliser et financer les travaux de rénovation en s'appuyant sur les économies d'énergie réalisées pour en couvrir les coûts. Cette approche permettrait, ainsi, d'accélérer les travaux de rénovation du parc public et de réaliser en quelques années ce qui aurait pris plusieurs décennies avec un mode de financement classique.

Longtemps gardée dans les cartons des ministères, cette idée sera finalement proposée dans le projet de loi de finances pour 2022. Elle fut cependant jugée comme un « cavalier budgétaire », c'est-à-dire que le Conseil constitutionnel a considéré qu'elle ne relevait pas d'un texte budgétaire et devait donc être logiquement censurée.

Ainsi, sauf à promouvoir une grande loi pour la rénovation du bâti, ce qui n'était pas à l'ordre du jour, un texte spécial se révélait nécessaire pour porter cette idée, de bon sens, et de nature à donner un réel coup d'accélérateur à ce qui constitue l'un des chantiers du siècle. Ce texte est d'autant plus d'actualité que l'été précédent a été marqué par des fermetures de classe en raison des fortes chaleurs, rappelant la nécessité de la rénovation des équipements publics. J'avais également à l'époque suggéré au président de la République que la transition écologique soit davantage incarnée dans des réalisations concrètes pour toucher le plus grand nombre et bénéficier du soutien de l'opinion publique. Je lui propose donc de lancer un grand chantier national de rénovation de toutes les écoles du pays, un projet d'envergure qui touche tous les territoires, un investissement pour notre jeunesse, des économies d'énergie et évidemment moins d'émissions de CO_2 ! Cela prendra forme quelques mois plus tard avec le programme de la Caisse des dépôts « EduRénov » qui accompagnera la rénovation de milliers d'écoles et qui continue à se déployer à grande échelle encore aujourd'hui.

C'est donc dans ce contexte que Christophe Béchu, alors ministre chargé de la Transition écologique, me proposa de porter aussi vite que possible le texte censuré qui visait à accélérer la rénovation des bâtiments publics. Porter une loi nécessite d'effectuer un travail rigoureux. Après avoir auditionné tous les acteurs et trouvé des accords avec les différents groupes politiques, majorité relative oblige, nous avons retravaillé le texte afin de s'assurer qu'il puisse être voté et utilisé efficacement par tous les acteurs du secteur.

L'examen en Commission des lois puis dans l'hémicycle de l'Assemblée nationale se déroula bien : le texte fut adopté à l'unanimité. Idem au Sénat, qui ne modifia que très peu la copie de l'Assemblée. Nous étions en bonne voie pour une adoption rapide. En à peine quatre mois, ce dispositif devint finalement la loi n° 2023-222 du 30 mars 2023 visant à ouvrir le tiers financement à l'État, à ses établissements publics et aux collectivités territoriales pour favoriser les travaux de rénovation énergétique.

Une fois l'adoption définitive de la loi faite, nous n'avons pas abandonné ce texte dans la nature. Au contraire, nous avons travaillé avec les services de Bercy pour que les décrets nécessaires à l'application soient adoptés rapidement et dans une version assez souple pour ne pas freiner les projets.

Et c'est là que le bât blesse. Deux ans après, aucun projet n'a vu le jour. Pourquoi ? Parce que la loi, aussi bien conçue soit-elle, ne suffit pas. Cet outil, pourtant nécessaire, reste complexe pour des collectivités qui doivent, dans le même temps, faire des économies. Le contexte n'est pas propice à effectuer de lourds investissements pourtant utiles et qui relèvent de la bonne gestion de leurs finances. Ce projet permet pourtant d'économiser tout de suite et de payer à mesure que sont réalisées les économies d'énergie. Surtout, un dispositif innovant suscite des inquiétudes et se heurte aux habitudes et aux conservatismes… Cette inertie est d'autant plus dramatique que les enjeux climatiques, eux, ne s'arrêtent pas et que nous nous sommes fixé l'objectif ambitieux d'une réduction de 60 % des consommations énergétiques des parcs publics d'ici à 2050 ! Sans outil de financement efficace ni une volonté politique affirmée, cet objectif restera hors de portée. La loi a tracé une voie, mais sans un véritable élan collectif, elle est restée lettre morte.

*

C'est donc, ici encore, le constat d'une action publique entravée, compliquée, longue, avec des décalages entre les effets d'annonce et la réalité vécue concrètement qui alimente la suspicion et le rejet des élus sur fond de contestation de leur utilité. Plus contraints que jamais, les élus, pour entretenir le mythe de la capacité à agir, se condamnent parfois aux surenchères et promesses sans lendemain. … nourrissant en retour déception et montée du vote contestataire et la spirale de la défiance.

Dans ce contexte, la figure du maire résiste souvent dans les différents baromètres de confiance. Je suis convaincu que c'est précisément parce que, à l'échelle locale, dans une ville, on peut observer les transformations et les réalisations concrètes en matière d'équipements sportifs, de pistes cyclables ou bien encore de propreté. C'est dans ce cadre que les citoyens renouent avec une action publique perceptible, qui peut avoir un impact et changer leur quotidien.

J'ai d'ailleurs toujours été étonné que les journalistes ou observateurs de la vie politique ne voient pas davantage dans la figure du maire le vrai Jupiter.

Imaginez, un maire élu avec moins de la moitié des suffrages, donc mathématiquement moins que ses oppositions réunies, qui grâce à la prime majoritaire, emporte les trois quarts des sièges au conseil municipal et peut imposer sans aucune concession ou compromis son programme. C'est le cas de la ville de Bordeaux. À la différence du pouvoir exécutif au niveau national, pas de contrôle ou de contre-pouvoir équivalent au Parlement. En 2020, lorsque je deviens conseiller municipal d'opposition, je découvre ainsi l'ultra-centralisation du pouvoir exécutif communal. Les prérogatives des oppositions sont réduites à la seule expression en conseil municipal. Aucune possibilité d'inscrire un point à l'ordre du jour, et les questions orales ne donnent lieu à aucun débat ! De façon plus générale, les propositions ou amendements que nous pouvons formuler, sur des sujets importants comme la propreté dans la ville ou la sécurité, sont balayés d'un revers de main. Le maire n'a nul besoin de rechercher des voies de dialogue ou de compromis avec les oppositions, l'ultra-fait majoritaire écrase tout sur son passage. Nul besoin non plus de soumettre au conseil au préalable des décisions aussi importantes que l'évolution des tarifs des crèches, l'extinction de l'éclairage public, la taxation des SUV ou bien encore l'armement de la police municipale ! Quant au pouvoir de contrôle de l'opposition, il est quasiment nul. Lorsque nous avons proposé par exemple une mission d'information sur la police municipale, celle-ci n'a pas vu le jour car elle a été soumise à un vote au sein du conseil… Et grâce à la prime majoritaire, même sans majorité absolue à la sortie des urnes, nul besoin d'un 49.3 et aucun risque de motion de censure sur le budget…

Après ma défaite aux élections municipales, de nombreuses femmes et hommes politiques plus aguerris m'ont encouragé à persévérer et confié qu'être élu local d'opposition était une excellente formation. Et pour cause, c'est un test de motivation sérieux tant les prérogatives sont minces et le pouvoir limité. La salle du conseil municipal elle-même renvoie d'ailleurs parfaitement à la symbolique de l'écrasement de l'opposition. L'équipe municipale du maire et de ses adjoints, installée sur une haute estrade face au conseil, surplombe les conseillers municipaux installés sur le plancher des vaches…

*

L'éparpillement des responsabilités, la multiplication des autorités administratives indépendantes et même la construction européenne ont conduit à limiter la capacité d'action des décideurs, à l'exception notable des maires, ne pouvant plus répondre aux attentes des citoyens, et ont renforcé le sentiment d'impuissance des régimes démocratiques face aux régimes autoritaires.

Trop souvent, les arbitrages qui engagent durablement nos politiques publiques – en matière budgétaire, énergétique ou environnementale – émanent de procédures complexes, portées par des institutions peu lisibles. Le Parlement européen, pourtant seul organe directement élu à l'échelle européenne, demeure encore trop en retrait dans certaines grandes orientations. Résultat : le droit européen, fondé sur des principes légitimes et souvent progressistes, est vécu non comme une construction politique partagée, mais comme une contrainte extérieure, y compris par les élus, et souvent instrumentalisé dans le débat politique national quitte à faire oublier l'évidence que, face aux États-Unis ou à la Chine, nous sommes plus forts ensemble pour défendre notre modèle et nos valeurs.

Par ailleurs, l'idée s'est progressivement installée que beaucoup de sujets seraient trop sérieux ou trop techniques pour être confiés à des élus par essence non spécialistes. Mais en les excluant de ces sujets, on enlève aux élus le pouvoir d'agir pour répondre aux attentes des citoyens. Si les élections n'amènent pas de pouvoir, alors « le gouvernement du peuple par le peuple, pour le peuple », essence de la démocratie, ne convaincra plus. Et donc c'est précisément en « réarmant » le pouvoir politique que nous commencerons à répondre à la crise démocratique que nous vivons, en inversant la tendance à l'œuvre de ces dernières décennies qui aura contribué à entraver le politique et donc à affaiblir les élus et les institutions qu'ils représentent.

Réarmer la politique

Face à la confusion, aux blocages, il pourrait être tentant de vouloir résoudre la crise démocratique que nous traversons en réduisant encore le champ d'action politique. C'est l'idée sous-jacente aux hypothèses régulièrement avancées par exemple de gouvernements techniques pour gérer les affaires du pays. Or, au contraire, c'est le moment où la politique prend toute son importance et c'est bien par la reconquête de ce terrain-là qu'il faut débuter en retrouvant de la capacité à agir.

Cela signifie remettre dans les mains du politique des compétences qui devraient lui appartenir et pour lesquelles il pourra alors être légitimement tenu responsable. Là où les autorités indépendantes n'ont pas de légitimité citoyenne, la responsabilité du politique émerge des urnes. En somme, il s'agit de refaire confiance au politique dans sa capacité à servir l'intérêt général, autant que le ferait prétendument une autorité indépendante. Au regard du spectacle actuel, je comprends qu'on hésite à redonner ce pouvoir. Pourtant, je suis persuadé qu'il n'y a pas de meilleurs moyens de responsabiliser les politiques.

Je ne suis pourtant pas dupe. Cela implique, dans de nombreux cas, de repenser un modèle européen qui a incité, si ce n'est contraint, à adopter ces modes de fonctionnement. Mais si le champ des libertés fondamentales me paraît devoir être préservé (informatique et libertés, défenseur des droits, pluralisme dans les médias…), pour tous les autres domaines, je suis convaincu qu'une profonde remise à plat s'impose.

Le sentiment de dépossession du politique n'est pas imputable uniquement aux autorités indépendantes. Il est parfois le fruit de ses propres entourages. Lorsque des conseillers ministériels nommés au *Journal officiel* remettent en cause des décisions annoncées par le président de la République sous prétexte qu'elles n'ont pas été arbitrées lors d'une réunion interministérielle présidée par eux-mêmes, on touche au cœur même du problème. Parfois, les hauts fonctionnaires qui œuvrent dans nos administrations, des têtes pourtant bien faites et qui ont le sens de l'État et du service public, ont le sentiment qu'ils servent une administration et non pas un ministère piloté par… un ou une ministre. De fait, lorsque le politique prend des décisions, la chaîne de mise en œuvre peut rapidement devenir défaillante et céder parfois à la facilité du *statu quo* ou de l'immobilisme : puisqu'on a toujours fait comme cela, pourquoi faire autrement ?

Pour remédier à cela, je soutiens depuis plusieurs années une solution radicale mais efficace. La mise en place d'un *spoil system* à la française. Les directeurs et directrices d'administrations centrales seraient nommés ou renommés à chaque changement de gouvernement et détiendraient alors leur légitimité du nouveau Président ou du nouveau Premier ministre. Ce n'est pas couper des têtes pour couper des têtes. Il s'agit de nommer, ou bien de renommer, les principaux responsables administratifs qui ont vocation à appliquer les décisions de l'autorité légitime : le politique.

Alors que je travaillais sur le programme du candidat Emmanuel Macron, j'avais en 2017 défendu l'idée d'en faire un engagement de campagne. Il n'a jamais été revendiqué ni pratiqué tel quel en début de mandature mais plutôt mis en œuvre au fil des nominations. Or je crois que nous aurions tout intérêt à en faire un principe de gouvernance transparent et assumé.

Lorsque j'étais ministre, je répétais régulièrement aux conseillers qui m'entouraient de ne pas me voir comme le défenseur envers et contre tout de mon administration. Au contraire, j'ai toujours considéré que ma légitimité, celle d'une élection législative qui m'avait valu de devenir ministre, m'imposait d'être le défenseur de nos concitoyens, y compris face à une administration récalcitrante. Si des décisions ou des arbitrages ne répondaient pas à ce qui me semblait la raison d'être de mon action, je n'avais pas à les défendre et j'avais même le devoir de les rectifier. Pour ma part, je n'ai jamais considéré, comme j'ai pu le lire ou l'entendre, que le ministre est le premier des agents de son ministère. Je crois plutôt que, s'il en assume la pleine direction, il est plutôt la voix et l'incarnation des citoyens au sein de son ministère qui, à la suite des élections du président de la République et des élections législatives, lui ont donné un mandat, indirect, pour agir en leur nom. Et c'est par ailleurs pour cela qu'un ministre doit aussi détenir une légitimité propre. Comme au Royaume-Uni où les ministres sont nécessairement issus du Parlement, il me semble souhaitable qu'en France les membres du gouvernement soient également titulaires d'un mandat électif, qu'il soit local, national ou européen.

C'est ce que viendrait conforter cette idée d'un *spoil system* à la française : légitimer ou relégitimer des directeurs d'administrations centrales et ne pas laisser prospérer l'idée qu'il existerait un État profond, une sorte de cercle de hauts fonctionnaires conspirationnistes qui se seraient ligués pour agir contre la volonté des représentants légitimes du pouvoir issu des urnes. Il ne s'agit évidemment pas d'organiser une chasse aux sorcières au sein de l'administration mais simplement d'assumer que ceux qui exercent les plus hautes responsabilités et à qui incombe la tâche de mettre en œuvre les réformes sont parfaitement à l'aise avec les orientations définies par le pouvoir politique. Ce qui permet dans le même temps de réduire la taille des cabinets ministériels qui assurent la coordination et l'interface entre le politique et l'administration. Mais leur grand nombre contribue très souvent à la complexification des circuits de décision et alimente une forme d'entropie au sommet de l'État.

*

De la même façon, il me paraît indispensable de renforcer la courroie de transmission entre les orientations politiques issues des urnes et leur déclinaison territoriale sur le terrain. C'est aux préfets, qui représentent le gouvernement et son action dans leur département, d'assurer ce rôle avec les services de l'État qui sont sous leur autorité. Je crois qu'il faut aller plus loin dans leur implication et assumer plus clairement cette responsabilité qui n'est pas seulement administrative mais bel et bien politique. S'ils sont nommés en Conseil des ministres, les préfets restent les représentants d'une forme de continuité de l'État.

Même si des avancées ont eu lieu ces dernières années pour évaluer les préfets sur leur bonne mise en œuvre des réformes prioritaires du gouvernement, nous devons aller plus loin pour pouvoir affirmer que les préfets ne sont ni plus ni moins que les responsables locaux de la politique gouvernementale.

Pourtant, je n'ai pas vu les préfets assurer des réunions de concertation ou de débat au moment de la réforme des retraites. Ils se tiennent pour la plupart d'entre eux éloignés des débats politiques sur leur territoire ou bien arguent d'un principe de neutralité pour ne pas y participer quand ils y sont invités. Ils sont plus souvent contraints de jouer un rôle d'équilibriste entre les orientations du gouvernement et la volonté de préserver leur relation avec les élus locaux. *In fine*, la voix de l'exécutif n'est pas suffisamment relayée ni entendue sur le terrain lorsqu'il s'agit de porter des réformes, les plus difficiles comme les plus consensuelles. Par exemple, au moment des décisions budgétaires, qui défend les choix qui sont faits et pourquoi ils le sont lors des réunions avec les élus locaux, lesquels ne se privent pas de dénoncer leur manque de moyens et la responsabilité de l'État ? Théoriquement, c'est le préfet. Si les députés de la majorité sont conduits à faire le « service après-vente » sur le terrain, c'est parce que les représentants de l'exécutif ne le font que très rarement.

L'une des façons d'y remédier est de mieux intégrer les préfets à l'action gouvernementale. À ce titre, les préfets de région devraient avoir le rang de ministres et siéger en Conseil des ministres aux côtés de leurs collègues en charge des portefeuilles sectoriels.

Cela permettrait d'assurer un maillage du territoire avec des membres du gouvernement qui assumeraient pleinement la politique menée. Et réciproquement d'ancrer plus fortement les politiques publiques avec celles et ceux qui en assurent la bonne mise en œuvre sur le terrain. Le Conseil des ministres pourrait être ainsi l'occasion de garantir la liaison entre la conception des réformes et leurs concrétisations dans la vie quotidienne des Français.

*

Redonner ses lettres de noblesse au politique, c'est aussi mieux reconnaître l'engagement des élus locaux. C'est la condition *sine qua non* pour que nos concitoyens retrouvent le goût de l'engagement. Or, nous faisons face à une crise des vocations. Combien de maires de petites communes qui souhaiteraient transmettre le flambeau se retrouvent contraints de s'engager pour un mandat supplémentaire, faute de prétendants à leur succession et par esprit de dévouement vis-à-vis de leurs administrés ?

Le malaise se prolonge avec les démissions de plus en plus récurrentes d'élus à cause du manque de reconnaissance, de la complexité accrue des responsabilités, de la hausse des violences à leur égard ou de la menace du risque pénal qui se cache derrière chaque décision. Pourtant, pour beaucoup de Français, les élus font encore l'objet de fantasmes alimentant la démagogie et les prises de position populistes. Il m'est arrivé plusieurs fois, sur les marchés à Bordeaux, d'être interpellé par des habitants en rupture avec la politique m'expliquant que « nous étions tous les mêmes » et que nous faisions cela pour « l'argent et les avantages ». Quand je leur demande combien d'après eux je suis rémunéré comme conseiller municipal d'opposition, ils sont très loin d'imaginer que l'indemnité s'élève à 300 euros... Et quand ils considèrent que personne ne peut les représenter, alors même qu'il y a déjà 16 candidats au premier tour, je les invite à se présenter à la prochaine élection.

À cette crise qui menace la démocratie locale il faut donc aussi répondre par une refonte complète du statut de l'élu et en particulier au niveau local. Là aussi, c'est une remise à plat totale qu'il faut envisager et engager une réflexion sur les conditions matérielles de l'exercice du mandat, sur le montant des indemnités, sur la reconnaissance des acquis durant le mandat pour valoriser cette expérience pour préparer l'après. Autant de chantiers qui doivent permettre de redonner du sens à l'action publique locale.

Il y a parfois une réticence à avancer sur ces sujets par peur des réactions des citoyens. Je crois pour ma part qu'il faut assumer qu'une démocratie vivante et qui fonctionne dépend des conditions d'exercice du mandat. Nous ne répondrons en rien à la défiance qui s'est installée entre les Français et leurs représentants en exigeant toujours plus de sacrifices et d'engagement de la part des élus. Ce qui nous guette, c'est le risque d'affaiblir encore le nombre de candidats et surtout de bons candidats. De fait, compte tenu des difficultés de conciliation du mandat avec une activité professionnelle, une partie de la population est peu représentée au niveau électif local. Je pense évidemment aux jeunes et aux actifs. Trois quarts des maires sont aujourd'hui des retraités !

Dans le contexte budgétaire que l'on connaît, il est possible d'avancer sur ces sujets sans accroître la dépense publique. Il est par exemple possible de réduire le nombre de conseillers municipaux. Éric Woerth, dans son rapport sur la décentralisation remis au président de la République en 2024, proposait ainsi une baisse de 20 % du nombre d'élus. En s'appuyant sur l'exemple de la ville de Bordeaux, qui compte 65 conseillers municipaux, majorité et opposition comprises, cela me paraît tout à fait envisageable et souhaitable. Moins d'élus, avec un vrai statut et plus de moyens, voilà qui me semble aller dans le bon sens.

Ce qui est vrai pour le niveau local l'est aussi pour le niveau national. Comment imaginer que les ministres qui quittent le gouvernement n'aient pas droit au chômage comme tout le monde ? Qu'au bout de trois mois, s'ils n'ont pas retrouvé d'activité, ils ne sont éligibles qu'au seul RSA ? Les élus comme les responsables politiques doivent pouvoir bénéficier des régimes de droit commun tels que l'assurance chômage ou les droits à la retraite, ni plus ni moins, et pouvoir envisager plus sereinement l'après en valorisant une expérience singulière et formatrice.

*

Retrouver de la capacité à agir ne signifie pas plébisciter une action publique unilatérale, brutale ou autoritaire comme on peut l'observer dans les mises en scène de Donald Trump, ni incarner un recul sur les avancées en matière de concertation et de dialogue préalable aux décisions.

Ces approches, en particulier de la démocratie participative, ne s'opposent pas à une action publique efficace. Nous en avons eu récemment un exemple avec la convention citoyenne sur la fin de vie qui a été organisée au CESE et qui a nourri très directement le texte soumis au Parlement.

Je crois qu'il nous faut nous appuyer sur cette réussite pour aller plus loin et envisager la transformation du CESE. Il suscite régulièrement des débats sur sa pertinence et son utilité. Ces dernières années, il a acquis de la reconnaissance en organisant des conventions citoyennes, sur le climat ou la fin de vie par exemple. Dans ce cas, pourquoi ne pas lui donner un nouveau mandat clair : devenir la chambre des conventions citoyennes, des citoyens tirés au sort qui travaillent et délibèrent ? Une structure permanente, dotée de moyens, chargée chaque année d'organiser une ou plusieurs délibérations citoyennes sur des grands enjeux ou en amont de réformes importantes de société. Ce ne serait ni une révolution ni un gadget, mais une évolution logique : inscrire dans nos institutions un espace de démocratie délibérative régulier, lisible, accessible.

L'enjeu de la concertation est capital aussi au niveau local sur des sujets qui touchent directement le quotidien des Français. Dans le cadre de mon mandat de conseiller municipal de Bordeaux, j'ai été sidéré que le maire puisse, sans aucune concertation préalable, décider d'éteindre l'éclairage public de la ville à partir d'une heure du matin. Quand j'interrogeais le maire sur la nécessité de consulter les habitants avant une telle décision, ce qui aurait permis de mieux prendre en compte les questions de sécurité par exemple, mais aussi le fait que les déplacements les plus nombreux ont lieu certains soirs notamment le week-end, que certaines personnes travaillent la nuit… j'ai reçu cette réponse stupéfiante : si nous avions consulté les habitants, cette mesure ne se serait pas faite ! Mais la concertation ne signifie pas la perte de temps, elle permet de mieux ajuster les décisions. J'en veux pour preuve que, trois ans après cette décision que j'ai combattue, l'équipe municipale revenait en partie en arrière en raison de la forte opposition des habitants et des plaintes régulières des résidents des quartiers qui y voyaient, à raison, un recul pour leur qualité de vie. Et ce n'est hélas pas le seul exemple. Combien de projets d'aménagements urbains décidés sans concertation préalable ont été finalement abandonnés ou profondément revus car celles et ceux qui y vivent et sont donc les premiers concernés ont tout simplement été oubliés de la conception du projet ? La concertation permet pourtant de mieux ajuster la décision mais aussi d'expliquer, de répondre aux questionnements, de lever les doutes.

Retrouver de la capacité à agir, ce n'est pas ériger le passage en force en vertu. C'est agir pour obtenir des résultats concrets et durables et je suis pour ma part convaincu qu'une concertation préalable est gage de réussite d'un projet et finalement un gain de temps dans sa mise en œuvre.

La reconquête d'une capacité d'action à tous les étages politiques est indispensable pour répondre à la crise de la représentation que nous traversons : plus de prérogatives, plus de capacité à agir.

Pour y parvenir, il faut aussi s'attaquer à un autre aspect de l'affaiblissement politique dans notre pays : face à la raréfaction du pouvoir, ce dernier a été découpé, divisé, de telle sorte que nous sommes aujourd'hui confrontés à une autre difficulté majeure qui alimente la critique en impuissance publique : l'irresponsabilité.

3

Du partage du pouvoir à l'irresponsabilité généralisée

Une action publique fragmentée comme jamais

Ces dernières décennies ont été marquées par un éclatement progressif du pouvoir et des responsabilités conduisant à un modèle fondé largement sur l'irresponsabilité qui alimente l'inefficacité de notre action publique.

Notre organisation est d'une telle complexité que plus personne ne s'y retrouve et que cela vire parfois à l'absurde. L'usage même du terme de « puissance publique » me semble aujourd'hui erroné. La multiplication des petites puissances publiques serait plus adaptée, tellement le pouvoir d'agir a été réparti, éclaté entre de nombreuses mains.

Une anecdote est parfois plus efficace qu'un long discours. En 2023, je reçois à Bordeaux Jean-Marc Zulesi, alors président de la commission du développement durable à l'Assemblée nationale. Nous défendions ensemble la nécessité d'une loi pour encourager le développement de RER métropolitains. Pour la métropole bordelaise, j'étais ainsi soucieux de tout faire pour développer de nouvelles solutions dans une agglomération saturée, championne des embouteillages. Pour nourrir notre travail sur la proposition de loi et répondre au mieux aux besoins concrets des territoires, je l'invite à venir échanger avec les élus locaux du territoire à l'occasion d'une visite de chantier d'une future station de RER métropolitain dans la commune du Bouscat, située dans ma circonscription. J'ai alors pu toucher du doigt à un niveau qui confine à l'absurde le principe d'éclatement complet des responsabilités dans la mise en œuvre d'un tel projet. Le chemin de croix ubuesque qui nous a menés à la visite d'un chantier somme toute relativement modeste illustre à lui tout seul le mal qui nous ronge.

S'agissant du chantier d'une gare, je me suis tourné vers la direction de la SNCF pour organiser la visite. On m'oriente alors vers la filiale SNCF Gares et Connexions puisque la visite concernait la construction d'une halte ferroviaire. Elle-même me renvoie vers une autre filiale SNCF Réseau qui avait la responsabilité opérationnelle du chantier. Après avoir enfin pu identifier un interlocuteur, celui-ci m'explique qu'il n'a que la maîtrise d'ouvrage et que je dois, pour obtenir l'autorisation de me rendre sur le chantier, me tourner vers les financeurs du projet et en particulier les collectivités locales qui y participent. Dans le cas contraire, impossible d'autoriser deux parlementaires à venir voir un chantier… À ce stade, il me semble plus facile de visiter une prison que les travaux d'une gare. Après avoir informé l'ensemble des parties prenantes de ma démarche et avec le sentiment de nager dans l'absurde, j'obtiens enfin l'accord de la SNCF. Mais je n'étais pas au bout du chemin ni de mes surprises… En effet, aussi invraisemblable que cela puisse paraître, les abords immédiats de la gare n'étaient pas sous la responsabilité de la SNCF mais de la Métropole de Bordeaux. Conséquence, il me fallait maintenant me tourner vers la métropole pour accéder à son propre chantier, traverser quelques mètres et ainsi accéder aux voies de la future gare.

Pour décrire cette situation, le cadre de la SNCF me dit alors dans une formule limpide : « Au fond, Monsieur le député, pour comprendre, il faut vous imaginer un œuf au plat, vous voulez accéder au jaune d'œuf, mais pour cela vous devez traverser le blanc ! »

Des jours entiers ballottés d'interlocuteur en interlocuteur pour une visite d'une heure sur un chantier. Il aura même fallu que le sujet remonte jusqu'au président de la métropole, Alain Anziani, qui, toujours respectueux des parlementaires car il avait lui-même siégé sur les bancs du Sénat, ne pouvait que partager mon désarroi.

Cet épisode constitue une bonne illustration de ce qu'est notre action publique. Derrière chaque projet, une multitude d'acteurs et de parties prenantes, ici pas moins de six : SNCF Réseau, SNCF Gares et Connexions, l'État, la région, l'Europe, la métropole. Tous avec leurs propres règles, leur propre gouvernance, leurs propres équipes qu'il faut coordonner. Tout cela au prix d'une dilution complète des responsabilités, de temps et d'énergie perdus et l'impossibilité d'identifier des responsables quand les choses fonctionnent et surtout quand elles ne fonctionnent pas. Il suffit par ailleurs d'observer la taille des rubans lors des inaugurations de divers projets et l'alignement sans fin d'élus et de responsables qui sont impliqués dedans, aussi simple soit-il, et qui doivent prendre la pose pour la photo. Tout cela au détriment le plus complet de notre efficacité collective.

Pour en revenir au chantier du RER, le projet de gare avec ses deux quais, un escalier et un ascenseur avait débuté par une concertation en 2019. Les travaux avaient commencé en 2022 et ont duré quatorze mois pour s'achever en 2023, soit près de quatre ans entre la volonté et l'aboutissement.

Cette expérience, qui peut prêter à sourire, illustre bien au fond la difficulté majeure qui est devenue la nôtre, celle d'un gigantesque éparpillement.

*

Nous avons en France près de 94 000 entités publiques en comptant les ministères, les opérateurs, collectivités territoriales et établissements publics, dessinant un véritable archipel. À titre de comparaison, l'Allemagne en compte six fois moins. Cela s'explique essentiellement par l'existence d'un très grand nombre de collectivités territoriales. La France compte 34 000 communes et 1 200 intercommunalités, contre 11 000 en Allemagne, 10 000 au Royaume-Uni, 8 000 en Espagne et Italie. Avec une collectivité territoriale pour 1 900 habitants, la France a cinq fois moins d'habitants par collectivité que la moyenne des pays de l'OCDE.

C'est la cause d'un véritable éclatement des responsabilités entre l'État et les quatre niveaux de collectivités : la région, le département, les intercommunalités et la commune.

Pour se faire une idée très concrète du maquis incompréhensible auquel nous sommes arrivés en quelques décennies, il faut consulter le fichier Excel format A3 de 17 pages rédigé par le ministère de l'Intérieur à l'intention des préfets pour les aider à s'y retrouver.

Ce document retrace, politique publique par politique publique, la responsabilité de chacun : communes, intercommunalités, départements, régions, État.

La vue d'ensemble est « édifiante », pour reprendre les mots d'un préfet à la relecture de ce document… Sur toutes les grandes politiques publiques, à l'exception de la défense, de la justice et des impôts, les prérogatives sont partagées. Pire encore, ce partage ne se fait pas entre l'État et une collectivité territoriale mais avec plusieurs échelons.

Ainsi, s'agissant de la politique d'action sociale et de solidarité, la commune ou l'intercommunalité est en charge des centres communaux d'action sociale et de l'aide de secours ; le département de la politique d'action sociale et médico-sociale, du versement des différentes prestations (revenu social d'activité, allocation personnalisée d'autonomie...), de l'aide sociale à l'enfance, de la protection infantile ; la région de la politique de formation des travailleurs sociaux ; et enfin l'État de la définition de la politique nationale d'attribution des aides, de l'hébergement d'urgence, du schéma national d'organisation sociale et médicosociale.

Dans le domaine de l'emploi, la situation est sensiblement la même : le niveau communal est acteur du service public de l'emploi, gère parfois des maisons de l'emploi ; les départements ont la responsabilité de l'insertion professionnelle des bénéficiaires du RSA et des jeunes en difficulté ; la région finance les formations pour les demandeurs d'emploi, participe au financement des missions locales... ; et l'État a la charge de la politique de l'emploi et de sa mise en œuvre *via* son principal opérateur, France Travail.

Dans le champ de l'enseignement, la construction et le fonctionnement des écoles, collèges, lycées et universités ont été répartis entre chaque niveau de collectivité.

Les routes nationales sont le dernier exemple frappant de cette fragmentation. Au 1er janvier 2025, 1 300 kilomètres de routes nationales et de réseau autoroutier ont été transférés à deux régions expérimentatrices. Cela fait suite au transfert en 2024 de tronçons de routes nationales à des métropoles et des départements volontaires. Trois niveaux de collectivités locales sont donc aujourd'hui impliqués dans la gestion du réseau national, aux côtés de l'État… Toujours dans le domaine des transports, on retrouve dans certains territoires pas moins de quatre types d'aides pour acheter un vélo électrique, celles de l'État, de la région, du département et de la commune…

Ce schéma se reproduit, avec des degrés divers de mobilisation, sur les autres politiques : culture, transports, politique de ville, action économique ou bien sport.

Nos politiques publiques se construisent comme des puzzles de plus en plus compliqués et où la taille de chaque pièce est toujours plus petite. Ce qui aurait pu être imaginé comme une recherche de complémentarité est le plus souvent le résultat d'un « Yalta » politique dans la répartition des responsabilités qui amène sur le moindre sujet un très grand nombre d'acteurs autour de la table et empêche d'avancer.

Même dans des domaines où la politique a été clairement décentralisée, l'État est conduit à intervenir là où les disparités d'intervention entre territoires demeurent très importantes. C'est le cas par exemple du handicap, de l'aide sociale à l'enfance ou bien encore en matière de lutte contre la pauvreté.

Dans ce paysage éclaté, il est alors difficile d'identifier les responsables et la tentation du « ce n'est pas moi, c'est l'autre » est permanente, menaçant l'unité du pays. Combien de fois élus et État se renvoient-ils la balle dans un discours qui finit par affaiblir tout le monde ?

François Mitterrand écrivait : « La France a eu besoin d'un pouvoir fort et centralisé pour se faire. Elle a aujourd'hui besoin d'un pouvoir décentralisé pour ne pas se défaire. » Si cette affirmation pouvait se comprendre au début des années 1980, elle ne semble plus d'actualité. La décentralisation, telle qu'elle a été conduite, ne garantit pas une plus grande unité du pays. En partageant les responsabilités plutôt qu'en les déléguant, elle induit au contraire un renvoi permanent des responsabilités entre les uns et les autres.

*

Cet enchevêtrement des compétences rend aussi difficile l'exercice des choix démocratiques par les électeurs. Prenons le cas de la politique du logement. Face à la crise qui frappe le secteur et la baisse du nombre de logements construits alors que la demande reste très forte dans de nombreux territoires, qui est responsable ? Chaque niveau de collectivité comme l'État est compétent pour verser des aides pour aider à la construction, l'intercommunalité définit le plan local d'urbanisme, la commune délivre les permis, le gouvernement le cadre fiscal qui s'applique aux opérations…

Mécaniquement, la coconstruction, qui s'impose comme mode d'action pour la plupart des politiques, dilue les responsabilités, allonge les délais de décision et de réalisation, génère des doublons et donc des coûts supplémentaires.

Prenons l'exemple des intercommunalités. Elles ont été encouragées ces trente dernières années pour permettre aux communes de mettre en commun des moyens et mutualiser des équipements. Or, ce mouvement ne s'est pas traduit par des économies, au contraire. La Cour des comptes a récemment chiffré à 100 000 le nombre d'emplois nouveaux créés principalement au niveau intercommunal depuis 2010 alors même que l'État n'a transféré aucune compétence nouvelle au niveau local !

C'est ce que j'ai pu observer à la métropole de Bordeaux. La mutualisation des services ne s'est pas traduite par des économies. Malgré les recommandations de la chambre régionale des comptes, l'exécutif métropolitain a toujours refusé de procéder à un bilan global et consolidé des effectifs entre le niveau communal et l'intercommunalité.

J'ai régulièrement porté cette demande sur l'évolution des effectifs et les possibilités d'économies éventuelles, pointant les nouveaux recrutements, budget après budget, et les doutes sur les économies que cela aurait dû permettre. La réponse fut directe et sans nuance : la métropole s'oppose à la transmission une fois par an des effectifs consolidés de la métropole et des communes sous prétexte que la chambre régionale des comptes empiéterait sur la libre administration des collectivités en demandant ce type d'informations… Pourtant, sa mission est bien de s'assurer du contrôle de la bonne utilisation des deniers publics. Il s'agit au fond d'une position défensive visant à masquer le fait que les économies n'ont pas eu lieu et que la dynamique de recrutements ne s'est pas interrompue… notamment en raison d'une mutualisation à la carte, à la main des communes, qui ne permet pas de réaliser les économies promises.

Les économies n'ont pas été au rendez-vous au niveau local, tout comme au niveau régional. La décision en 2015 de la création des 13 grandes régions, contre 22 précédemment, n'a pas permis de réduire le coût de fonctionnement des conseils régionaux. Au contraire, le rapprochement des régions a généré une hausse des dépenses, principalement sous l'effet de l'alignement des rémunérations.

L'inflation des effectifs au niveau local est aussi le résultat de la volonté des élus d'aller parfois au-delà de leurs missions et de leurs compétences.

À Bordeaux, c'est par exemple le cas de l'enseignement supérieur, où la métropole a commencé à soutenir des projets en allant directement sur le terrain de la région. Ce fut le cas lorsqu'elle décidait de soutenir une recherche sur l'atlas des sables du littoral du département de la Gironde. Je ne doute pas de l'intérêt de cette question du point de vue de la recherche, mais il est assez déroutant que la métropole se saisisse d'un sujet comme celui-ci.

La santé est un autre exemple du saupoudrage en dehors du champ de compétence de la métropole. Celle-ci dispose d'un contrat local de santé depuis 2019. En cinq ans, sur ce programme, elle aura dépensé 300 000 euros, en n'organisant essentiellement que des réunions, des comités et lancé quelques appels à projets…

Ces « hors-pistes » entraînent ainsi le besoin de structurer des équipes qui elles-mêmes vont devoir commencer par coordonner leurs actions avec les autres structures dont c'est la responsabilité première… En somme, du temps mal utilisé et dont les effets concrets sur l'action publique sont nuls ou quasi nuls. Lorsque tout le monde se mêle de tout, on tend naturellement vers la paralysie générale.

*

Face à cet imbroglio local, j'ai défendu comme président de la délégation aux collectivités territoriales à l'Assemblée nationale puis comme ministre des Comptes publics la nécessité d'une nouvelle réforme territoriale.

D'abord parce que cette organisation illisible et peu efficace suscite le désintérêt inquiétant de nos concitoyens. Mais aussi parce que cette organisation me paraît coûteuse à l'heure où nous cherchons à faire des économies. Il m'a semblé que ce sujet-là devait être abordé dans le débat public. Pour passer de l'intuition au chiffrage, j'ai donc décidé, avec ma collègue chargée des collectivités territoriales, Dominique Faure, de confier à Boris Ravignon, le maire de Charleville-Mézières, une mission visant à estimer combien coûte la superposition des compétences partagées. Grâce à un travail précis et minutieux d'estimation du temps passé par les agents publics des différentes administrations à participer à la comitologie locale, à instruire des dossiers communs, à monter des financements croisés, à se coordonner ou bien à faire des tâches identiques, le rapport arrive à la conclusion que notre organisation actuelle génère *a minima* 7,5 milliards de dépenses de fonctionnement supplémentaires ! Ce montant est colossal et il faut bien en mesurer la conséquence : c'est autant d'argent qui n'est pas utilisé en faveur de nos services publics ou de la réduction de nos déficits.

Des tentatives de clarification ont pourtant eu lieu ces dernières années : adhésion obligatoire des communes à une structure intercommunale, réduction du nombre de régions, suppression de la clause de compétence générale pour les régions ou les départements… mais elles n'ont eu *in fine* que des effets très limités en matière de coût ou de simplification.

L'éclatement des responsabilités ne se constate pas seulement au niveau local. Il est aussi criant en matière de finances publiques. Ministre à Bercy, j'ai été chargé de préparer et défendre le budget du pays, mais dans les faits mes leviers étaient très limités. Les finances publiques sont trop éparpillées. La dépense publique recouvre les dépenses de l'État mais aussi celles de la Sécurité sociale et celles des collectivités territoriales. Sur ces dernières, l'État n'a que peu de moyens de contrôle, et le niveau des dépenses est constaté en fin d'année. Le champ de la Sécurité sociale ne relève pas du projet de loi de finances mais d'un texte spécifique, le projet de loi de financement de la Sécurité sociale (PLFSS), dans lequel les dépenses sont évaluatives, c'est-à-dire que les montants votés au Parlement ne sont pas contraignants. Certaines dépenses sociales ne figurent même pas dans les lois financières comme l'assurance chômage ou les retraites complémentaires. Ainsi, si les ministres de l'Économie et du Budget sont responsables des finances publiques, ils n'en maîtrisent pas tous les tenants. En 2024, alors que nous avions engagé une baisse significative des dépenses de l'État par rapport à l'année précédente, les fameuses « coupes budgétaires », les autres postes de dépenses, et notamment celles des collectivités territoriales, se sont révélées particulièrement dynamiques, en hausse de près de 5 % pour les dépenses de fonctionnement et de 7 % pour les dépenses d'investissement, ce qui annulait finalement tous les efforts faits au niveau de l'État. Le déficit public, qui est largement discuté et commenté, recouvre des réalités très différentes et ne peut pas être pleinement piloté par l'État qui représente au final seulement 30 % de la dépense publique. Jean Arthuis, ancien ministre de l'Économie et des Finances, avait été missionné par le Premier ministre Jean Castex pour formuler des propositions afin d'organiser un meilleur pilotage des finances publiques. J'ai travaillé avec lui à l'époque sur ce sujet, et cette question de l'absence de définition globale de la dépense figurait déjà en bonne place dans le diagnostic et les risques qui pesaient sur nos finances publiques. Il appelait alors à la définition d'un plafond de dépenses qui ne concernerait plus seulement l'État mais tout le champ public afin de retrouver une meilleure maîtrise de nos finances publiques en luttant contre les effets délétères de son éclatement.

*

Notre organisation est devenue largement illisible et incompréhensible pour la plupart des citoyens. Et en boudant un certain nombre de scrutins, ils manifestent leur désapprobation. Je pense par exemple aux élections régionales et départementales, avec un taux d'abstention de 67 % en 2021 ! Cette irresponsabilité, certains y trouvent leur compte en se détournant constamment vers un autre acteur et en rejetant la faute sur une autre collectivité ou sur l'État en cas de difficulté. Le « ce n'est pas moi, c'est l'autre » est un moteur puissant de l'exaspération des citoyens. C'est aussi un moyen de ne jamais répondre de ses actes et donc d'alimenter la défiance.

Pour retrouver de la capacité à agir, de la rapidité dans les décisions et pour limiter les surcoûts liés à ce véritable imbroglio, il est indispensable de remettre partout de la responsabilité au cœur de notre action publique et rétablir ainsi notre contrat démocratique.

Un choc de responsabilité à tous les étages

Il y a urgence à remettre la responsabilité au cœur de l'action publique. Cela passe d'abord par l'instauration d'un principe simple : une politique, un responsable.

Pour cela, il faut commencer par démêler tous les fils des compétences partagées et supprimer les concurrences et les doublons afin de retrouver clarté, lisibilité et redevabilité. Tous les éléments d'analyse sont déjà sur la table pour avancer. De nombreux rapports et missions ont été conduits ces dernières années, et encore tout récemment avec les travaux de Boris Ravignon ou bien encore d'Éric Woerth, missionné en 2024 sur la question de la décentralisation par le président de la République, comme on l'a évoqué.

Plutôt qu'un nouvel acte de décentralisation, qui revient régulièrement dans le débat, je suggère un acte de clarification : une grande loi qui viendrait mettre de l'ordre, simplifier et remettre du bon sens, en commençant par achever la décentralisation laissée au milieu du gué. C'est le cas de la politique du logement pour laquelle nous devons aller au bout de la logique de territorialisation et confier au niveau local, et notamment aux intercommunalités, les aides au logement, la politique d'attribution des logements sociaux et même l'hébergement d'urgence. Le tout afin de constituer un bloc unifié en proximité et en continuité avec les compétences déjà existantes en matière d'urbanisme et d'habitat.

Dans un tout autre domaine, celui du grand âge, défi de premier plan pour les prochaines années, il nous faut sortir des approches de double tutelle entre l'État et le département et assumer une compétence locale exercée pleinement par les conseils départementaux.

Certains mouvements de clarification peuvent aller dans l'autre sens, des collectivités vers l'État.

Je pense à certaines politiques dont les disparités territoriales sont telles, comme l'aide sociale à l'enfance, qu'elles nécessitent une intervention de l'État afin de garantir que les enfants les plus vulnérables soient accompagnés au même niveau partout sur le territoire national. Il s'agit d'assurer la continuité avec l'école, la santé et la protection judiciaire de la jeunesse, et sortir ainsi des silos qui nuisent à une bonne prise en charge de ces enfants. De la même façon, la politique d'orientation qui est partagée entre l'État et la région qui a la charge de l'information sur l'orientation est inefficace et inutilement complexe. Dans ce domaine, il est nécessaire de revenir à une compétence unique pleinement exercée par l'État. C'est aussi le cas de la formation des demandeurs d'emploi. Dans la mesure où la politique de l'emploi reste une politique nationale, la décentralisation de la formation a ajouté de la complexité sans produire de résultats probants.

*

Au-delà de la clarification du « qui fait quoi » entre l'État et les collectivités, le gros du chantier consiste surtout à mettre de l'ordre dans les compétences partagées entre les collectivités elles-mêmes. Il faut assumer de faire des choix là où l'absence de définition claire d'une collectivité responsable a conduit à l'émiettement et aux doublons. La culture et les équipements sportifs pourraient être confiés au seul bloc communal. Les compétences liées au tourisme devraient être regroupées autour de la région. Et le département être le seul à financer les services d'incendie et de secours. Enfin, la compétence économique de la région doit être réaffirmée pour mettre fin aux interventions concurrentes et aux aides qui conduisent les entreprises à systématiquement faire le tour de tous les guichets des collectivités territoriales, de l'État et des opérateurs.

Sur chaque politique, il est possible de définir des responsabilités plus claires et non partagées. Si tout le monde peut approuver ces principes de bon sens quand ils sont énoncés de façon générale, c'est souvent beaucoup plus difficile quand il faut passer à l'acte et aux travaux pratiques : l'exercice rencontrera nécessairement des oppositions, car il rebat les cartes entre l'État et les collectivités, et entre les élus locaux eux-mêmes. Chacun, soucieux de préserver ses prérogatives, défendra pied à pied la spécificité et la légitimité de son action. Nous avons vu comment les tentatives de ces dernières années, comme la loi de 2022 sur la différenciation, la décentralisation et la déconcentration, n'ont abouti qu'à quelques ajustements techniques assez marginaux par rapport à l'ambition initiale d'une grande simplification. L'équilibre des pouvoirs et les « deals » entre collectivités finissent par l'emporter sur l'objectif d'efficacité et des résultats.

Je l'ai concrètement vécu en tant qu'élu à la métropole de Bordeaux. Les habitants se soucient principalement des transports, ce qui constitue également un enjeu pour le développement du territoire à long terme. Les difficultés très importantes de mobilité alimentent fortement la fracture territoriale et le sentiment de relégation des territoires autour de Bordeaux, comme nous avons pu le voir lors des manifestations des Gilets jaunes en particulier. Si une action urgente et résolue s'impose, la métropole, dont c'est le premier budget, est loin d'être la seule à agir. Tous les niveaux de collectivités, métropole, département, région mais aussi État sont concernés. La métropole est l'autorité organisatrice de mobilité. La région est le chef de file avec la responsabilité du SRADDET (schéma régional d'aménagement, de développement durable et d'égalité des territoires), des plans par bassins de mobilité ainsi que des TER et des transports interurbains. Les départements sont chargés de la voirie, des pôles intermodaux, des voies réservées, des transports scolaires… Tout cela sans compter l'État et l'Europe qui participent au financement de la plupart des projets de transport ou d'infrastructures sur le territoire… Résultat : un éclatement de l'action et surtout pas de prise en compte globale de la situation du territoire. Chacun agit dans son couloir et sur son périmètre géographique parfois éloigné des enjeux du bassin de vie. Ce manque de cohérence et cet éparpillement des acteurs sont de vrais obstacles à la prise de décisions qui dépasseraient les frontières administratives des uns et des autres et permettraient ainsi de penser un aménagement du territoire équilibré. Ces dernières années, le développement démographique, les modes de vie, les déplacements entre la métropole et hors métropole ont rendu caduque l'organisation institutionnelle actuelle. Celle-ci est désormais fondée sur des périmètres qui ne correspondent plus aux réalités de la vie quotidienne ; d'où la déconnexion entre les décisions prises et les besoins de celles et ceux qui y vivent. C'est d'ailleurs pour cela que j'ai proposé, avec d'autres élus de la métropole, que chaque collectivité transfère sa compétence mobilité auprès d'un seul acteur qui agrégerait les budgets et les moyens humains à l'échelle du département de la Gironde, niveau qui correspond mieux aux enjeux de déplacement entre les territoires et aux difficultés liées à la congestion automobile. À ce jour, la proposition est restée lettre morte car elle implique un bouleversement d'ampleur des moyens et des pouvoirs de décision.

*

Une fois la clarification des compétences menée à bien, le travail ne doit pas s'arrêter là.

Dans le champ des collectivités, cette simplification doit être poursuivie simultanément dans trois directions.

Premièrement, il est indispensable de remettre en chantier une réforme visant à rapprocher le niveau régional et le niveau départemental. C'est l'objectif du conseiller territorial qui avait été introduit en 2010, avant d'être abrogé en 2012 après l'élection de François Hollande. Le principe en était simple : dans chaque canton, un conseiller départemental siégeait également au conseil régional. Cela permettait de limiter les interventions concurrentes, d'améliorer la coordination, de simplifier la gouvernance et de réaliser des économies, notamment en supprimant les doublons et en favorisant la mutualisation des ressources.

Deuxièmement, le mouvement de rapprochement des plus petites communes doit être encouragé. Depuis 2015, 800 communes nouvelles ont été créées, issues de la fusion de 2 600 communes plus petites, mais cette dynamique s'est essoufflée. Pour la relancer, il faut renforcer les incitations, notamment financières, afin que les communes concernées ne soient pas pénalisées lors de leurs rapprochements et que les élus puissent défendre ces fusions auprès des habitants qui restent souvent attachés à l'identité communale.

Troisièmement, le souci de lisibilité et de clarté des responsabilités doit aussi se poser au niveau des intercommunalités. Aujourd'hui, l'élection des responsables intercommunaux est indirecte : elle se fait au niveau municipal, et certains élus siègent à l'intercommunalité. Cette approche privilégie la commune, mais complique une vision plus large du territoire. À Bordeaux, j'ai défendu l'idée d'un intérêt métropolitain qui dépasserait la somme des intérêts des 28 communes, et qu'il y a aujourd'hui un « vide démocratique ». Le projet mis en œuvre par la métropole n'a en effet jamais été soumis aux habitants qui n'ont voté que pour des projets municipaux. Même les conseillers communautaires n'ont pas eu à se prononcer sur ce projet mobilisant pourtant plus de 2 milliards d'euros afin de financer des priorités et des projets résultant d'une négociation opaque entre différents groupes politiques de la métropole. Si la négociation entre groupes politiques n'est pas un problème en elle-même, elle doit aboutir de façon transparente à un projet soumis au vote en assemblée lui donnant alors sa légitimité, même indirecte. J'ai proposé également que ce projet métropolitain donne lieu à un débat dans chaque conseil municipal compte tenu de l'impact important pour chacune des villes concernées par les projets portés par la métropole. Ces deux propositions visaient à compenser l'absence d'élection directe par les citoyens du ou de la président(e) de la métropole sur la base de son programme. Ces deux propositions ont été écartées. Ainsi, l'invisibilité de la métropole est entretenue aux yeux des citoyens au profit des communes avec parfois des arrangements dans les discours sur la responsabilité des uns et des autres. Les choix structurants – faut-il un métro ? une nouvelle collecte des déchets ? une autre politique du logement ? – sont faits sans mandat populaire. Pour tenter d'y remédier, des consultations directes sont organisées, mais elles mobilisent très peu d'habitants, ce qui renforce le sentiment d'invisibilité de la métropole. À titre d'exemple, 500 avis seulement ont été recueillis au moment de la concertation sur la création d'une zone à faibles émissions mobilité (ZFE) ; moins de 400 personnes se sont exprimées sur le projet de téléphérique ; six contributions ont été reçues sur la réduction des déchets… pour une métropole de plus de 800 000 habitants !

Pour sortir de ce brouillard démocratique, il conviendrait de distinguer plus clairement ce qui relève de la commune et ce qui relève de l'intercommunalité et d'organiser une élection et donc une campagne du responsable de l'exécutif au suffrage universel direct pour ces deux niveaux. Cette approche se heurte à l'hostilité de nombreux maires qui y voient un risque de dépossession. Pour ma part, je ne partage pas cette crainte. Le *statu quo* actuel alimente une grande confusion, un renvoi permanent des responsabilités et à un émiettement de ces mêmes pouvoirs. Nous aurions tout à gagner à mieux distinguer les responsabilités des maires et des intercommunalités et à clarifier les mandats de chacun lors de l'élection avec un vote direct pour chacun.

L'État doit aussi balayer devant sa porte et répondre à sa propre dispersion. Pour cela, il faut commencer par réduire drastiquement le nombre de ministères. L'inflation ministérielle génère de la complexité, des initiatives multiples, des difficultés de décision et alimente cette « entropie » régulièrement dénoncée. Dix grands ministères suffiraient pour gérer les affaires de l'État. Si l'on associe à cela l'équivalent des préfets de région au Conseil des ministres, cette équipe resserrée représenterait une gouvernance efficace au service du pays. Cela suppose de ne pas céder aux négociations partisanes qui entraînent automatiquement une multiplication des postes, ou aux pressions de certains secteurs de la société civile qui exigent des interlocuteurs dédiés. La nomination de secrétaires d'État permettrait d'y répondre sans remettre en cause l'impératif de simplification du paysage ministériel.

Cet acte de clarification d'ampleur a pour objectif de replacer la responsabilité au cœur de l'action publique. Cette remise en ordre est de nature à faire revenir les électeurs aux urnes pour participer à des échéances dont ils pourraient alors mieux comprendre l'intérêt et les enjeux.

C'est aussi le gage d'une action publique qui en finit avec les doublons qui ont participé très directement à l'inflation de la dépense publique dans notre pays. Et c'est là encore un défi de taille : sortir de la logique des moyens qui a tout écrasé dans le débat public ces dernières décennies au profit d'une autre boussole, celle des résultats et des changements concrets pour les citoyens.

4

Sortir du « toujours plus » pour atteindre le « toujours mieux »

L'obsession collective des moyens

Nous sommes collectivement dopés à la dépense publique qui s'est imposée comme l'alpha et l'oméga de l'action publique dans notre pays.

Aujourd'hui, les victoires et le poids politique d'un ministre sont déterminés par sa capacité à débloquer de nouveaux crédits, à augmenter son budget d'une année sur l'autre. Le niveau de la dépense est ce qui au fond résumerait le mieux l'engagement et le volontarisme sur un sujet, avec comme corollaire très peu d'intérêt pour les résultats. C'est au final une course permanente, une surenchère en matière de dépenses, car c'est le seul marqueur sur lequel le débat politique se fonde. La dépense écrase tout débat. Alors que j'étais ministre en charge du Budget, un autre ministre venant d'être nommé m'a expliqué qu'il ne pouvait voir son budget progresser moins que celui de son prédécesseur, au risque de perdre toute crédibilité et d'apparaître faible politiquement… et de brandir la menace de sa démission auprès du Président s'il n'obtenait pas satisfaction.

Il m'est souvent arrivé, lors de mes auditions à l'Assemblée par exemple, de me retrouver dans des débats surréalistes. Combien de fois ai-je dû répondre à des oppositions qui critiquaient notre budget car nous serions responsables de la « casse » des services publics, quand bien même nous n'avons jamais autant dépensé et que la dépense publique atteint près de 58 % de la richesse nationale ? Comment des responsables politiques, y compris de partis dits « de gouvernement », peuvent-ils continuer à dire qu'ils combattent des politiques néolibérales qui visent à affaiblir les services publics ou bien des budgets d'austérité alors que le déficit public reste supérieur à 5 % ? Ce déni de réalité, s'il n'est pas surprenant en provenance des partis populistes qui n'hésitent pas à manier le mensonge à des fins électoralistes, l'est davantage de la part de responsables du Parti socialiste ou des Écologistes, par exemple.

Cette approche, qui n'hésite pas à tordre les chiffres et la réalité, empêche l'émergence d'un consensus plus large sur la nécessité de redresser nos finances publiques et d'accepter le principe d'économie après une période où nous aurons beaucoup dépensé pour protéger les Français et plus globalement notre système lors de la crise du Covid puis de la crise de l'énergie.

Mais c'est aussi ce déni de réalité ou cette posture démagogique qui conduit à multiplier les promesses et les engagements comme si, au fond, notre capacité à dépenser était sans limites. J'ai d'ailleurs à plusieurs reprises tenté de convaincre mes interlocuteurs en transposant aux finances publiques le discours très écouté de Jean-Marc Jancovici sur le caractère limité des ressources naturelles et la nécessité de repenser notre modèle à l'aune de cette « finitude ». Il en va de même des ressources publiques, et tout le monde devrait en tirer les mêmes conséquences en matière de sobriété et surtout quant à la nécessité de faire des choix. Or ce n'est pas ce que nous observons dans nos débats, au contraire.

J'ai été marqué par un débat à l'Assemblée qui, pour ne pas être un « gros » sujet budgétaire, n'en est pas moins révélateur de l'état d'esprit collectif qui anime une partie des parlementaires : celui des repas à 1 euro au Crous pour les étudiants boursiers ou en difficulté. Cette mesure a été prise pendant la crise du Covid pour venir en aide aux étudiants qui rencontraient des difficultés à se nourrir dans cette période.

Passé la crise, la question s'est posée du maintien de cette mesure. Nous avons décidé de la prolonger et d'ainsi maintenir un dispositif de solidarité pour venir en réponse, au-delà des crises, à la précarité bien réelle d'une partie des étudiants. Les groupes du Nouveau Front populaire ont alors décidé d'aller plus loin et de défendre le principe de généralisation du repas à 1 euro pour tous les étudiants, quelle que soit leur situation financière et familiale, travaillant ou non, issus de familles aisées ou non. C'est pour moi symptomatique de la dérive démagogique et au fond de la victoire de l'idée qu'il n'y a pas de limites aux dépenses publiques. Qu'il ne s'agit pas de faire plus pour ceux qui en ont le plus besoin mais d'étendre sans arrêt le périmètre de la solidarité nationale, au risque de la fragiliser durablement en ignorant la question de la maîtrise de nos finances publiques.

Au-delà de cet épisode, j'ai vécu très directement l'absence de majorité et de consensus à propos de la nécessité de maîtriser nos dépenses publiques une nouvelle fois au début de l'année 2024. À ce moment-là, nous faisions face à une très forte dégradation de nos rentrées fiscales par rapport aux prévisions. Identifiée par les services à la toute fin de l'année 2023, celle-ci s'est confirmée au début de l'année 2024. Elle touchait tous les impôts, la TVA, l'impôt sur les sociétés, l'impôt sur le revenu ou bien encore les cotisations sociales et dans des proportions de plusieurs milliards d'euros.

Les travaux ultérieurs, réalisés par Bercy et par l'Assemblée nationale dans le cadre d'une commission d'enquête, ont mis en lumière la difficulté d'établir des modèles d'estimation des recettes fiscales en sortie de crise, et notamment la plus grande que nous ayons vécue ces dernières années, celle du Covid, renforcée peu après par la crise énergétique liée au conflit en Ukraine.

Face à cette dégradation des recettes qui menaçait notre trajectoire de redressement des finances publiques, nous avons décidé avec le ministre de l'Économie et des Finances, Bruno Le Maire, d'agir vite et fort. J'ai été renommé ministre au début du mois de février 2024, et nous avons proposé au président de la République et au Premier ministre de compenser cette chute des recettes par un coup de frein immédiat sur la dépense de l'État. Ce dernier, inédit par son ampleur, mettait sur la table un décret de suppression de 10 milliards d'euros dans les budgets des ministères. Nous avons réussi à boucler le décret en un temps record. C'était un effort réel qui était demandé aux différents ministres. Je dois dire que la plupart d'entre eux ont joué le jeu. Nous les avons appelés quelques jours avant pour les prévenir que nous allions annoncer cette décision et leur communiquer le montant d'économies que nous leur demandions. Si les montants demandés à chacun ont bien sûr fait l'objet de négociations, la solidarité est demeurée ; difficile d'en dire autant à l'extérieur.

Les mêmes qui ne manquaient pas de critiquer la lenteur du redressement de nos finances publiques n'ont pas hésité à déplorer ces coupes budgétaires. Et c'est bien là le drame, beaucoup plaident pour une gestion rigoureuse des finances publiques, voire pour des économies, mais lorsqu'on en fait, ce ne sont jamais les bonnes ni le bon moment ! Et nous aurons beau rappeler que 10 milliards d'euros sur plus de 1 600 milliards d'euros de dépenses publiques ne peuvent être synonyme d'austérité, toutes les forces politiques d'opposition se sont engouffrées pour les dénoncer. Cette baisse s'inscrivait pourtant dans la nécessité de remettre les dépenses de l'État sur le droit chemin. Avec les crises successives, la dépense de l'État avait progressé de plus de 100 milliards entre 2019 et 2023, et nous devions faire en sorte qu'elle revienne à un niveau hors crise. Mais cela, rares étaient ceux qui l'admettaient et étaient prêts à le soutenir.

La suite nous a donné raison puisque, sur l'année 2024, les dépenses de l'État ont baissé de plus de 10 milliards d'euros, une première depuis plus de quinze ans, compensant, en partie seulement, la dynamique très forte des dépenses des collectivités territoriales et de Sécurité sociale. On oublie trop souvent dans le débat que l'État ne porte que 30 % de la dépense publique.

Outre cet épisode, j'ai pu observer la difficulté de faire des économies lorsqu'est arrivée dans le débat la question des retraites et de leur indexation sur l'inflation dans la perspective de la préparation du budget pour l'année 2025.

*

Nous avions tenté à l'été 2023 lors de la finalisation de la préparation du budget 2024 de plaider pour la sous-indexation de certains revenus, dont les pensions de retraite, à l'exception des plus basses. C'était une mesure qui permettait de réaliser des économies très importantes, de l'ordre de plusieurs milliards d'euros, qui répondait aussi à la très forte progression des dépenses de retraites dans la dépense publique. Pour la seule année 2024, les dépenses de prestations sociales ont augmenté de 5,5 %, portées principalement par les dépenses de retraite en hausse de près de 25 milliards d'euros. Cette proposition s'inscrivait dans la recherche d'efforts partagés entre les générations mais, on le comprend bien, elle était très largement impopulaire, notamment parmi les retraités. Nous n'avons pas réussi à convaincre la Première ministre et le Président et avons rangé cette piste dans nos cartons. Au début de l'année 2024, toutes les pensions de retraite ont été revalorisées de plus de 5 % dans un contexte de ralentissement de l'inflation venant alimenter un niveau d'épargne déjà très élevé.

La question est revenue quelques mois plus tard, au moment où nous lancions la préparation du budget pour l'année 2025 dont je mesurais toute la difficulté.

Nous sommes le 6 mars 2024, je m'en souviens car c'est le jour de mon anniversaire qui, cette année-là, tombe un mercredi, jour de Conseil des ministres. Hélas, plutôt qu'un cadeau, j'ai droit à ce qu'il faut bien appeler une remontrance du président de la République qui, sans me nommer directement, exprime son mécontentement sur le débat lancé sur la contribution des retraités à l'effort de redressement des finances publiques. Un peu interdit sur le moment, je comprends que le Président fait référence au journal télévisé de France Télévisions de la veille qui évoquait la possibilité de pouvoir ouvrir le débat de la sous-indexation des retraites dans le cadre de la préparation du budget 2025. Le tout en s'appuyant sur le fait que je n'avais pas écarté formellement cette option en réponse à un auditeur de France Inter qui m'interrogeait la veille sur le sujet.

Depuis plusieurs mois et bien conscient de la difficulté qui s'annonce pour la préparation du budget 2025, je travaille en fait sur l'hypothèse d'une « année blanche ». Nourrir un plan d'économies ambitieux, c'est élaborer des dizaines ou des centaines de mesures rencontrant chacune l'hostilité d'un secteur, d'une corporation, d'un groupe de personnes concernées. Autant de polémiques à affronter, de batailles à mener qui rendent le débat budgétaire difficile, pour ne pas dire impossible.

L'idée de l'année blanche vise à répondre à cette difficulté. Plutôt que multiplier les sujets et les fronts, je propose de geler pendant une année tous les dispositifs au nom de l'effort collectif pour réduire notre déficit après une période très généreuse de protection. Il s'agirait de reconduire en 2025 les crédits de l'année 2024 en ne revalorisant ni les dépenses de l'État, ni les retraites, ni les transferts aux collectivités territoriales, ni les prestations sociales… À mesures exceptionnelles des années précédentes pour protéger, j'oppose et propose une année exceptionnelle de contribution de tous, une année de solidarité pour nos finances publiques, en quelque sorte. Il me semble que nous pouvons comme cela organiser le débat sur l'opportunité de cette année blanche, qui permettrait d'économiser plus de 20 milliards d'euros, plutôt qu'une série de mesures d'économies dans tous les secteurs.

Lors de la matinale de France Inter animée par Nicolas Demorand et Léa Salamé, un auditeur m'interroge sur les efforts possibles et donc sur l'avenir de l'indexation des retraites. Je me contente de répondre que ce sujet pourra être débattu lors du prochain budget. La juste répartition des efforts entre les actifs qui travaillent et les retraites me semble légitime alors même que ces derniers ont obtenu une très forte revalorisation des pensions de retraite au 1er janvier.

Il n'en faut pas plus pour déclencher la polémique et transformer cela en décision du gouvernement de ne pas indexer les retraites.

Sans débat possible, l'année blanche aura donc vécu… et l'indexation des retraites sur l'inflation figurera même en bonne place dans les engagements de campagne des législatives.

Cet épisode illustre la difficulté extrême du débat sur les économies et les efforts qui sont nécessaires. Et c'est sur ce sujet que le gouvernement de Michel Barnier a été censuré à la fin de l'année 2024. Nombreux sont celles et ceux à appeler de leurs vœux le redressement des finances publiques, mais le passage aux décisions concrètes suscite instantanément une levée de boucliers ou bien des contre-propositions peu crédibles ou des serpents de mer. C'est le cas par exemple de la suppression des comités et commissions ou du « magot » des opérateurs de l'État. Ce sont des sujets importants mais modestes budgétairement et sans commune mesure avec la situation de nos finances publiques.

J'ai moi-même dû, comme ministre des Comptes publics sous Élisabeth Borne, faire adopter le budget pour 2024 par le recours à l'article 49.3 de la Constitution. Nous ne disposions pas nous non plus d'une majorité absolue pour le faire voter. Pourtant, le pays ne pouvait pas s'en passer : il en allait du financement des services publics, de notre modèle social ou bien encore du respect de nos engagements européens. Ce n'était pas une disposition de confort, et le recours à l'engagement de la responsabilité du gouvernement devant l'Assemblée était la seule voie possible dans cette configuration politique. Cela a été un moment difficile. Je garde le souvenir de ces multiples motions de censure déposées lors du déclenchement du 49.3 par Élisabeth Borne. Pour un seul budget, compte tenu du découpage entre le budget de l'État et celui de la Sécurité sociale mais aussi entre une partie « recettes » et une partie « dépenses », il ne faudrait pas moins de dix 49.3 pour aller au bout. Avec chaque fois le procès en déni de démocratie. Attaque que j'ai trouvée particulièrement infondée dans la mesure où l'Assemblée a toujours le dernier mot avec la possibilité de censurer le gouvernement. Injuste aussi, alors que les oppositions refusaient d'envisager de trouver des accords pour faire passer le budget en partant du principe qu'être dans l'opposition empêche mécaniquement de voter un budget. Le 49.3 est intervenu, non pour empêcher le débat – nous avons d'ailleurs repris un grand nombre d'amendements des oppositions –, mais pour garantir que l'État puisse continuer à fonctionner. Dans une configuration parlementaire contrainte, cet outil constitutionnel reste un garde-fou essentiel de la stabilité budgétaire et de la continuité de l'action publique dans l'intérêt du pays.

La difficulté ou l'impossibilité de faire émerger les voies d'un accord traduit notre absence cruelle de culture du compromis politique, surtout lorsqu'il s'agit des finances publiques et de la nécessité de faire des économies.

De fait, l'instabilité est devenue, ces dernières années, la norme. L'un des moyens d'y remédier serait de réviser la Constitution pour adopter un modèle à l'allemande. De l'autre côté du Rhin, le Bundestag ne peut démettre le chancelier que s'il élit en même temps un successeur à la majorité de ses membres. Autrement dit, impossible de censurer le pouvoir exécutif sans trouver une majorité alternative. Une telle disposition, dans un pays comme le nôtre, où la culture du compromis est inexistante, y compris lorsque nous sommes au pied du mur, constituerait un vrai changement de modèle.

Imposer la culture du résultat

La question des moyens écrase le débat politique au détriment de celui sur les résultats et l'efficacité.

C'est notamment le cas au Parlement. Le débat sur le projet de budget s'étire souvent sur de longues semaines à l'Assemblée et au Sénat. En revanche, la loi de règlement, qui vient constater la réalité de la dépense de l'année précédente et donc aussi les écarts entre les intentions, les réalisations concrètes et les résultats liés aux montants dépensés, est généralement expédiée dans une très grande indifférence. Et d'ailleurs, depuis 2022, aucune loi de règlement n'a été adoptée par le Parlement faute de majorité… sans que cela émeuve grand monde à part les experts des finances publiques.

On observe la même chose au niveau local. Le vote du budget est un moment politique majeur alors même que le compte administratif, lui, l'année suivante, donnera lieu à beaucoup moins de commentaires. Bien qu'il présente la réalité de ce qui a été fait et qu'il ne soit pas rare d'y trouver des écarts très importants entre l'intention initiale d'un budget et les résultats effectifs à la fin de son exercice.

Pourtant, notre incapacité collective à produire des résultats tangibles pour nos concitoyens constitue un puissant moteur de défiance. Et pour y remédier, il nous faut changer collectivement de boussole.

Cela passe par un changement majeur d'approche et de culture de l'action publique. Je suis convaincu qu'il est à notre portée. Cette conviction, je la tire de mon expérience de près de cinq ans à Pôle emploi, devenu France Travail depuis.

Après plusieurs mois de travail, de diagnostic et de réflexion avec les équipes et les agents de Pôle emploi, nous sommes convaincus de la nécessité de changer radicalement l'approche de l'accompagnement des demandeurs d'emploi. Jusqu'alors, ces derniers étaient convoqués une fois par mois dans le cadre de ce que l'on appelait le « suivi mensuel personnalisé ». Cette approche posait deux difficultés importantes. D'une part, il s'agissait d'une simple obligation de moyens – que chaque demandeur d'emploi soit vu une fois par mois sans autre exigence. D'autre part, cela ne tenait pas compte de la diversité des situations entre demandeurs d'emploi : entre le jeune cadre francilien du secteur numérique qui a négocié sa rupture conventionnelle et le chômeur de longue durée victime de la désindustrialisation dans le nord de la France, les besoins sont radicalement différents. Certains ont besoin d'être vus de façon rapprochée et intensive, d'autres sont en situation de retrouver un travail par leurs propres moyens.

Par ailleurs, nous étions en permanence évalués et souvent critiqués sur la base d'un seul indicateur, celui du nombre de demandeurs d'emploi par conseiller, aussi appelé « taille des portefeuilles ». Sans tenir compte des résultats, de la qualité du service ou du retour à l'emploi ! C'est pour moi la parfaite illustration de l'action publique réduite à sa seule obligation de moyens et non celle des résultats.

Pour répondre à ces enjeux, nous avons décidé d'engager une rupture profonde et d'installer le principe suivant : faire plus pour ceux qui en ont le plus besoin. Concrètement, il s'agit de permettre aux conseillers de passer plus de temps avec les personnes qui ont du mal à retrouver un emploi et pour qui ils ont le plus d'impact dans cette recherche.

Pour les autres profils, ceux qui ont la capacité de conduire en autonomie leur recherche d'emploi, l'accompagnement pouvait être plus léger à condition de développer drastiquement une offre de services numérique de qualité. Cela constituait au fond une rupture avec le principe d'uniformité qui prévalait au profit d'un service plus personnalisé qui tenait compte des spécificités de chaque demandeur d'emploi, lesquelles ne sont pas solubles dans une réponse unique et homogène.

La même solution pour tous finit par n'être la bonne pour personne. En rompant avec cet égalitarisme illusoire, nous installions l'idée que, pour mesurer notre efficacité, il valait mieux s'intéresser à nos résultats sur l'emploi plutôt qu'à l'évolution de la taille des portefeuilles des conseillers.

Ce qui pourtant nous semblait de bon sens a nécessité des mois de discussion avec la gouvernance de Pôle emploi, les partenaires sociaux et l'État, afin de faire accepter ce principe de différenciation. Il a fallu lutter ardemment contre l'idée que, au nom du principe d'égalité, tous les demandeurs d'emploi devraient être traités de la même manière.

Par ce simple mais profond changement d'approche, nous sommes parvenus à installer une autre boussole, celle du retour à l'emploi et de la satisfaction des demandeurs d'emploi et des entreprises comme juge de paix de l'efficacité de notre action, plutôt qu'être sans arrêt ramenés à la seule question des moyens et des effectifs.

*

En interne, cette profonde transformation a permis d'en entraîner une deuxième : celle de la spécialisation des agents. En s'occupant à la fois de l'accompagnement des demandeurs d'emploi et de celui des entreprises, les agents de Pôle emploi ne pouvaient rendre qu'un service de qualité moyenne. En spécialisant les conseillers par type d'usagers, nous avons obtenu une profonde amélioration de la qualité et de l'efficacité du service rendu. Cela a été rendu visible par le bond du taux de satisfaction des entreprises et des demandeurs d'emploi de plus de 20 points en quatre ans.

Cette bascule a néanmoins peu influencé le débat sur la politique de l'emploi et je note, encore avec regret, que la question des effectifs et des emplois est restée, par facilité, l'élément central d'un débat de fait très réducteur sur le rôle et les missions de France Travail.

Ce changement radical d'approche fut malgré tout une vraie réussite saluée à la fois par la Cour des comptes et les inspections chargées d'auditer Pôle emploi. Cette expérience démontre qu'il est possible de basculer d'une approche uniquement guidée par les moyens à une culture du résultat.

C'est en m'inspirant de cette expérience que j'ai souhaité, en tant que délégué interministériel à la transformation publique, promouvoir plus largement cette approche guidée par les résultats et la qualité du service au sein de l'État. En 2018, nous avions imaginé et construit un dispositif complet de suivi des réformes prioritaires du gouvernement et de leurs résultats. Avec un objectif assumé : focaliser l'engagement de toute la chaîne hiérarchique des ministres et de l'administration sur l'atteinte des résultats qui découlaient des engagements et du programme du président de la République.

Face au foisonnement, au risque de dilution et d'éparpillement, il fallait s'assurer que tout le monde agirait dans le même sens, que nous tenions nos engagements et qu'ils produiraient les résultats annoncés et attendus par les Français.

Surtout, cette idée répondait à un problème dont j'avais pour ma part conscience depuis plusieurs années : beaucoup d'énergie est mise à construire et scénariser des annonces, beaucoup moins à s'assurer de leur mise en œuvre et de leur impact concret. J'avais été frappé également par le fait que les administrations centrales étaient absorbées, de leur propre aveu, par la gestion courante, et finalement ne mobilisaient pas toujours toutes leurs forces nécessaires sur les projets et engagements politiques pris lors de la dernière campagne.

Nous avons donc commencé à bâtir un dispositif de suivi sous le nom barbare des « OVQ », objets de la vie quotidienne, avec une organisation inédite : étaient mis en place des chefs de projet en charge des réformes prioritaires dans leur ministère et une revue tous les mois des projets par le directeur de cabinet du Premier ministre et par le secrétaire général de l'Élysée. En clair, une ligne courte et directe permettant d'aligner tout le monde et de mettre l'énergie nécessaire, et parfois la pression suffisante, à tous les niveaux pour que les chantiers avancent.

Pour aller un cran plus loin, j'avais décidé de développer une application dédiée au suivi des réformes permettant de piloter en temps réel leur bon déploiement, leur avancée, les risques ou les blocages. J'ai proposé que cette application soit la même pour tous les acteurs impliqués, du chef de projet au président de la République. Aplatir l'organisation, simplifier et unifier la remontée d'informations, lutter contre la tentation constante des uns et des autres d'enjoliver la réalité et de « beurrer les lunettes » des responsables politiques et des plus hautes autorités de l'État.

Lors d'une rencontre avec le Président, je lui ai présenté cette application et la lui ai installée sur son téléphone, lui permettant ainsi de disposer de ce baromètre de mise en œuvre de ses propres engagements : dédoublement des classes de CP, reste à charge 0 pour un certain nombre de soins médicaux, mise en œuvre du droit à l'erreur dans les administrations…

En septembre 2019, plusieurs médias ont dévoilé l'existence de cette nouvelle application. Le buzz qui s'est ensuivi n'était pas inutile. Le message était passé : ce que nous avions construit était utilisé au plus haut niveau et incarnait désormais le mode de pilotage des réformes prioritaires du gouvernement.

Cette initiative a suscité de nombreuses réactions et commentaires. Si certains y voyaient la mainmise et le pilotage resserré du Président et de ses équipes, je considérais pour ma part que c'était un élément indispensable face au risque de dilution de l'action des ministères.

De nombreux ministres ont rapidement exprimé leurs réticences face à ce dispositif qui pourtant, au-delà de l'application, installait une ligne transparente et directe aux responsables opérationnels de Matignon et de l'Élysée avec un seul objectif : décider et arbitrer vite, simplifier les organisations et les circuits de décision.

D'autant que de trop nombreuses réunions au niveau des ministres ou des directeurs conduisent parfois à repousser la prise de décisions, voire à ne jamais en prendre.

Pour moi, cette démarche marquait clairement le choix de l'efficacité, de la fluidité du partage des remontées d'informations et de la nécessité de lutter contre le risque d'enlisement de certains projets. Je suis convaincu que c'était une avancée importante dans le fonctionnement gouvernemental. Non sans créer des critiques et parfois des inimitiés avec le positionnement de la DITP, vue par les ministères tantôt soit comme l'œil de Moscou, soit comme la mouche du coche. Les ministères considéraient que nous venions empiéter sur leur terrain. Ils désiraient conserver la maîtrise de l'information, des difficultés et, au fond, de l'avancée ou non des projets dont ils avaient la charge. Cela bousculait les habitudes bien établies des hiérarchies administratives peu habituées à travailler en circuit court… les directeurs et secrétaires généraux ne comprenant pas pourquoi les chefs de projet de leurs administrations étaient maintenant conviés à ce type de réunion quand jusqu'ici n'y accédaient que les ministres et membres de leurs cabinets.

Et cela a fonctionné : les responsables ont pu négocier pied à pied les délais et les indicateurs d'avancement – après avoir bataillé quelque temps –, voyant que le dispositif était installé et qu'il servirait de boussole pour le pilotage du suivi des réformes. Les ministres eux-mêmes se sont préoccupés du bon avancement de leurs projets, soucieux d'éviter que ne s'affichent des alertes quant à la mise en œuvre des projets dont ils avaient la charge. Nous étions en bonne voie pour réussir à focaliser l'attention de tous sur la mise en œuvre des réformes.

Cette approche s'est ensuite généralisée avec le développement du baromètre de l'action publique déclinée cette fois-ci à l'échelle locale. Ce dispositif permettait de suivre département par département le bon déploiement des réformes en le rendant public et accessible à tous. Nous avons également mis en place des dispositifs d'intéressement des préfets, *via* une prime, pour l'atteinte des objectifs sur leur territoire d'affectation.

L'objectif au fond était de remettre de la responsabilité dans un système qui en avait trop perdu en raison d'une grande complexité et au profit d'une forte confusion, d'installer une chaîne qui permettrait de décider et de cesser de piloter par la production de décrets, d'arrêtés, de circulaires, de notes ou d'instructions au profit du suivi des résultats de l'action publique.

Je pense que ça a été une avancée importante dans le champ de la réforme de l'État de ces dernières années et un acquis dans la façon de piloter et suivre les réformes.

*

Je me suis d'ailleurs inspiré de cette approche dans le cadre de mon mandat municipal à Bordeaux en créant, quelques mois après mon élection, « L'Hurmicomètre ». Il s'agissait d'une application accessible à tous qui reprenait l'ensemble des engagements de campagne du maire et permettait de suivre leur avancée pendant toute la durée du mandat. Nous tenions pour ainsi dire les comptes des promesses faites sur toutes les politiques publiques, de la transition écologique à la cantine scolaire, et dans tous les quartiers de Bordeaux, de la façon la plus neutre possible en classant les engagements tenus ou non. C'était pour nous une manière concrète d'exercer notre fonction de groupe d'opposition en facilitant le suivi de l'action de la majorité au regard de ses engagements de campagne. C'est peu de dire que cette initiative a été mal accueillie par la majorité qui y voyait « de la politique politicienne » alors qu'au contraire, plutôt que les traditionnelles invectives et la mauvaise foi des débats, c'était une façon innovante et concrète d'ancrer dans le réel l'action publique locale !

De fait, suivre et s'engager sur des résultats, c'est une autre culture politique. Celle qui ne se contente pas des « coups de com' » permanents mais vise une transformation profonde et réelle.

Mais pour transformer cet essai, c'est le débat politique que nous devons faire profondément évoluer. Installer la culture du résultat ne suffit pas. Il faut aussi réussir à « désacraliser » la dépense, dont toute remise en cause semble impossible aujourd'hui pour réhabiliter la notion de coût/efficacité, dépenser mieux et faire des économies.

Rendre utile chaque euro dépensé

Pour sortir du « toujours plus », il faut remettre en cause l'immunité dont bénéficie la dépense publique. Alors même que les priorités ou le contexte changent, il est difficile voire impossible de remettre en cause les dépenses existantes. Je l'ai bien vu lorsque nous sommes revenus sur les dépenses exceptionnelles liées aux crises Covid et de l'énergie. Chaque dépense était alors considérée comme un acquis permanent et non comme une aide ponctuelle, dont la remise en cause suscitait une très grande polémique. Ce fut par exemple le cas pour la taxe sur l'électricité qui avait été suspendue pendant la période inflationniste et dont la remise en place, alors que les prix avaient reflué, a suscité la contestation de toutes les oppositions.

Dans ce contexte de rigidité extrême, les nouvelles priorités se définissent alors par superposition des dépenses existantes… concourant ainsi à la progression inexorable de nos dépenses publiques.

La question de l'investissement pour la transition écologique pousse également au changement. Comme de nombreux économistes, Jean Pisani-Ferry et Selma Mahfouz nous encouragent à accroître nos investissements climat à la fois publics et privés. Lors de ma prise de fonction à Bercy, au moment de la passation de pouvoir avec Gabriel Attal, j'ai très clairement affirmé que nous ne pouvions pas faire l'impasse sur la question du climat et que nous avions au fond deux dettes, la financière et l'environnementale, et que nous devions nous attaquer aux deux en même temps. Nous ne pouvons pas, au nom de l'impératif de réduction de nos déficits, sacrifier les investissements en faveur du climat. Et de la même façon, il est impossible d'ignorer la menace que fait peser notre niveau d'endettement.

Face à ces deux sujets, il me semble essentiel de réorienter les investissements et donc d'accepter de dépenser différemment. Une part importante des investissements publics sont de fait de la responsabilité des collectivités territoriales, car ce sont elles qui gèrent de nombreux transports publics, les réseaux d'eau, des bâtiments publics… Nous estimons que d'ici à 2030 elles doivent doubler leurs investissements verts. La question est de savoir comment les y encourager.

C'est l'objectif du « budget vert ». L'État a initié la démarche et classe, depuis 2021, ses dépenses en fonction de leur impact sur l'environnement. En 2022, alors président de la délégation aux collectivités territoriales à l'Assemblée nationale, j'essaie de les convaincre de reprendre cette approche. Avec le budget vert, les élus peuvent valoriser les efforts auxquels ils consentent aujourd'hui auprès de leurs administrés. Inversement, la transparence sur ces chiffres peut permettre aux citoyens de demander des comptes à leurs élus s'ils considèrent que les investissements sont très largement insuffisants ou bien sur des sujets peu prioritaires au regard de l'urgence climatique. Cet instrument est aussi utile pour porter un regard plus équilibré sur la question de la dette, question toujours sensible auprès des élus locaux. Le niveau d'endettement est un angle d'attaque des oppositions et est utilisé dans un certain nombre de classements dans la presse sur la bonne gestion des mairies. C'est pourtant une analyse de courte vue. On peut très bien imaginer une ville sans dette mais n'ayant réalisé aucuns travaux pour rénover ses bâtiments, entretenir le réseau d'eau et ainsi laisser grossir une dette climat importante. Le budget vert sert précisément à sortir de cette approche et à encourager les politiques les plus vertueuses, celles qui permettront plus tard d'éviter ou limiter les coûts exorbitants liés à la dégradation de notre environnement. Il s'agit là encore de changer de boussole et de critères d'analyse.

*

J'ai alors lancé une concertation avec toutes les associations d'élus locaux autour d'une proposition de loi que je portais pour la généralisation des budgets verts afin qu'enfin État, parlementaires, élus locaux, nous parlions la même langue et que nous travaillions tous dans la même direction. Si mes interlocuteurs reconnaissaient l'intérêt de la mesure, l'idée d'une obligation suscitait des réserves parce que cela représentait un changement par rapport aux présentations budgétaires habituelles, mais aussi parce que cette transparence n'était pas sans risque pour les moins bons élèves… Après une concertation de plusieurs mois, nous avons trouvé un accord. Nous avons généralisé le budget vert pour les régions, les départements et les communes, mais uniquement celles au-dessus de 3 500 habitants pour ne pas alourdir la charge administrative des plus petites.

Alors que je venais d'achever ce travail et m'apprêtais à proposer son inscription à l'ordre du jour de l'Assemblée nationale, j'ai été nommé ministre des Comptes publics. J'ai donc poursuivi ce chantier avec ma nouvelle casquette et l'ai intégré directement dans le projet de loi de finances pour 2024.

Aujourd'hui, les collectivités territoriales doivent expliquer dans leurs documents budgétaires l'impact environnemental de leurs dépenses d'investissement et ainsi rendre compte aux citoyens et contribuables de la manière dont l'argent public contribue – ou non – à la transition écologique dans les différents domaines (les bâtiments scolaires, les routes ou encore le matériel de transport ferroviaire…). Les investissements doivent être évalués à l'aune de deux grands objectifs : la réduction des émissions de gaz à effet de serre et la préservation de la biodiversité et des espaces naturels.

À côté de cette obligation, la loi prévoit que les élus locaux puissent faire apparaître ce qu'on appelle la « dette verte » : autrement dit, les emprunts contractés pour financer des projets favorables à l'environnement et ainsi permettre un débat éclairé sur la dette utile à la lutte contre le réchauffement climatique et sortir d'un débat parfois sans nuance sur cette question.

L'exemple de l'action dans ce domaine prouve bien une chose : il ne peut y avoir de caractère immuable de la dépense. Tout l'enjeu est de pouvoir la réorienter en fonction des priorités.

*

Au-delà de ce sujet, il est indispensable de réhabiliter politiquement l'idée même de limiter certaines de nos dépenses et de réaliser des économies.

Cette idée reste malheureusement majoritairement rejetée aujourd'hui. Trop de responsables politiques, de journalistes, de commentateurs font un raccourci direct entre le nombre d'euros dépensés pour un sujet et l'intérêt que nous y porterions ; la seule preuve d'engagement sincère se résumant à la capacité à mettre beaucoup d'argent sur la table. Cette approche, très fruste et réductrice de l'appréciation des politiques publiques, rend alors quasiment impossible tout débat sur les économies.

Pourtant, des pistes d'économies existent. Prenons l'exemple de l'intelligence artificielle. Le potentiel de déploiement de l'IA dans les activités humaines est tel qu'il aura nécessairement des impacts considérables dans la sphère publique et qu'elle peut devenir, si elle est régulée et encadrée, synonyme d'amélioration de l'action publique mais aussi de réduction de son coût.

C'est par exemple le cas dans le domaine de la santé. Alors que nous faisons face à des dépenses élevées et dynamiques en matière de médicaments et de santé de façon générale, l'IA représente une opportunité pour prévenir les risques chez les patients et mieux prescrire pour les professionnels de santé. À Bordeaux, par exemple, l'entreprise Satelia s'est spécialisée dans le suivi des patients atteints de risques cardiovasculaires. Elle permet, en fonction des réponses quotidiennes, de prévenir les risques de malaise, d'organiser les rendez-vous avec le cardiologue quand ils sont nécessaires, améliorant ainsi la prise en charge tout en faisant gagner du temps aux médecins. De la même manière, la start-up Synapse medicine, elle aussi implantée à Bordeaux, a développé des logiciels de prescription de médicaments pour permettre aux médecins de contenir les surprescriptions et limiter ainsi les risques pour la santé liée à une trop grande consommation de médicaments et faire l'économie de dépenses inutiles qui pèsent lourdement sur le budget de la Sécurité sociale.

Au-delà de cet exemple, l'IA va permettre de gagner beaucoup de temps pour toutes sortes de tâches administratives : réponses aux questions des usagers, courriers, comptes rendus, synthèses, procès-verbaux d'audition, traduction, tenue des comptes… Les métiers des grandes administrations vont aussi être bouleversés par l'IA. Prenons par exemple la lutte contre la fraude fiscale à la DGFIP, où l'IA permet déjà de massifier l'analyse des données disponibles et ainsi mieux cibler les fraudeurs potentiels et devrait permettre bientôt d'accéder plus facilement à une réglementation par nature très dense et complexe. On peut également penser au rapprochement entre demandeurs d'emploi et entreprises chez France Travail.

L'irruption très rapide de l'IA dans nos vies nous oblige donc à revoir et à enrichir les missions du service public mais peut également nous permettre de réaliser des économies ; et cela ne signifie pas forcément sacrifier le service public !

*

Cette recherche assumée d'économies doit systématiquement aller de pair avec la politique de lutte contre toutes les fraudes. C'est pour moi une exigence absolue lorsque nous questionnons nos dépenses de s'assurer que ceux qui doivent payer leurs impôts n'y échappent pas et que les dépenses publiques ne sont pas détournées.

Je me suis toujours engagé dans ce combat de la lutte contre les fraudes, à la fois comme ministre mais aussi comme parlementaire.

Comme ministre, j'ai mis en œuvre avec Gabriel Attal un plan de renforcement de notre arsenal de lutte contre les fraudes en augmentant le nombre d'inspecteurs affectés au contrôle fiscal, notamment sur les dossiers les plus importants et les plus complexes. Nous leur avons conféré plus de pouvoir d'investigation, et un délit d'incitation à la fraude a été créé pour s'attaquer aux influenceurs et youtubeurs qui faisaient la promotion de cette pratique en toute impunité… C'est une traque permanente qu'il faut sans arrêt adapter face à la créativité parfois sans limites des fraudeurs. Ce plan lancé en 2023 a d'ailleurs porté ses fruits puisque, en 2024, le montant de la fraude fiscale détectée a atteint près de 20 milliards d'euros et les services de Bercy en ont recouvert près de 12 milliards, un record historique.

Plus généralement, la lutte contre la fraude, c'est la lutte contre tous les trafics. J'ai pu le mesurer en particulier avec l'action de la douane qui, au-delà de sa mission liée aux activités économiques transfrontalière, incarne un des bras armés de l'État pour lutter contre les trafics et fraudes en tout genre, de la drogue au tabac de contrebande, en passant par la contrefaçon ou les drogues de synthèse. C'est une activité très importante, menée le plus souvent dans la discrétion, sous la responsabilité du ministre du Budget.

Titulaire de ce poste, j'ai voulu resserrer les mailles du filet. Avec les équipes de la douane, nous avons bâti et mis en œuvre un plan pour sécuriser les ports français en métropole et outre-mer qui sont la cible des trafiquants de drogue avec une recrudescence de la cocaïne. J'ai alors décidé d'équiper nos ports français de scanners mobiles qui permettent aux douaniers de vérifier en quelques minutes le contenu d'un grand nombre de conteneurs sans les ouvrir, et ainsi de mieux cibler les investigations des équipes de contrôle sur le terrain. Au Havre, à Dunkerque ou bien à Marseille, j'ai pu mesurer combien, face à l'accroissement du volume du fret maritime, nous devions absolument rehausser notre niveau de contrôle et de protection.

Pendant toute la durée de mes fonctions au gouvernement, j'ai pu mesurer l'engagement de ceux qui luttent tous les jours contre la fraude, jusqu'à le payer de leur vie.

L'un des moments les plus difficiles et les plus douloureux que j'ai vécus comme ministre a d'ailleurs été celui de l'annonce du décès d'un douanier en service lors d'une opération de contrôle le 30 juillet 2024 sur une autoroute du nord de la France. Je n'oublierai jamais l'émotion ni la dignité de ses collègues, la douleur de sa famille, la solidarité exemplaire du corps des douaniers. Ce héros a été décoré à titre posthume de l'ordre national du Mérite lors de ses obsèques et de la cérémonie d'hommage qui a suivi.

J'ai poursuivi ce combat à l'Assemblée nationale en m'attaquant à la fraude aux aides publiques. L'État verse chaque année plus de 20 milliards d'euros d'aides pour rénover les logements, changer de véhicule, la formation, le recrutement d'un apprenti. Si ces aides sont utiles et importantes, nous constatons une recrudescence du détournement de ces dispositifs. Cette fraude représente un coût important pour les finances publiques et elle nourrit directement la défiance des citoyens, notamment la baisse du consentement à l'impôt.

À titre d'illustration, en 2023, les fraudes aux Certificats d'économie d'énergie (CEE) ont représenté 480 millions d'euros. Sur MaPrimeRénov', près de 400 millions d'euros de mouvements financiers suspects ont été détectés. Ces dispositifs sont devenus une cible de choix pour des réseaux frauduleux qui exploitent la complexité administrative et le manque de contrôle en amont.

Pour y répondre, mon équipe et moi avons travaillé sur un texte visant à renforcer la protection des finances publiques et à empêcher ces détournements. L'objectif était clair : détecter les fraudeurs avant qu'ils ne touchent un seul euro, car une fois versé il est difficile de récupérer l'argent, et renforcer les dispositifs de contrôle et les sanctions. Avec ce nouvel arsenal législatif, c'est près de 1,6 milliard de fraudes que nous pouvons éviter. Pour réussir à faire passer ce texte dans une assemblée morcelée, j'ai travaillé avec les différents groupes pour enrichir le texte en soutenant des amendements proposés par certains députés de l'opposition. La proposition de loi a été adoptée définitivement à l'Assemblée le 14 mai 2025.

C'est à la fois une très bonne nouvelle pour nos finances publiques mais aussi la démonstration que l'Assemblée est capable de trouver des consensus et des accords pour le bien public.

La politique de lutte contre toutes les fraudes doit naturellement se poursuivre car l'inventivité des fraudeurs, souvent de véritables entrepreneurs du détournement d'argent public, est permanente. Nous devons mener ce combat sans relâche, et ce avec d'autant plus d'énergie dans le contexte de recherches d'économies.

Par faiblesse mais aussi par paresse, le débat politique s'est très largement réduit à la question des moyens, reléguant au second plan la question de l'efficacité et des résultats des politiques publiques qui seules pourtant nous permettraient de comparer les coûts de certaines dépenses à leur efficacité et identifier ainsi celles qui n'ont pas ou plus lieu d'être. La prééminence des moyens concourt directement à l'emballement de la dépense dans notre pays sans garantie d'un meilleur service public.

Mais la dépense publique n'est pas la seule manifestation de cette fuite en avant. Le « désordre public » que nous traversons s'illustre aussi dans la boulimie de textes et de normes qui s'est emparée de notre pays depuis plusieurs décennies au détriment d'une exigence d'impacts et de résultats.

5

Tant qu'il y aura des hommes, il y aura des normes

« Qu'ont gagné nos législateurs à choisir cent mille espèces et faits particuliers et y attacher cent mille lois ? », Michel de Montaigne. Cinq cents ans plus tard, cette question reste malheureusement très pertinente.

Les normes continuent de s'accumuler comme si rien ne pouvait les arrêter. Plus on légifère et plus on réglemente, plus il faut des moyens pour les mettre en œuvre, contrôler leur application, sanctionner. Puis il faut les retravailler… Au fond, normer et dépenser sont devenus les deux faces d'une même pièce, les symptômes de l'impuissance de l'action publique.

La dérive bureaucratique qui nous étouffe

Aujourd'hui, ce sont plus de 400 000 normes qui s'appliquent en France. Notre Code du travail compte plus de 11 000 articles contre seulement 600 au début des années 1970. Le contenu du Code de commerce ou celui du Code de la consommation ont crû de plus de 300 % en moins de trente ans. L'emballement normatif se mesure concrètement et facilement par la taille du *Journal officiel*. En 2022, il comptait 14 500 pages, contre 2 000 dans les années 1950 !

C'est le résultat de l'empilement régulier de textes les uns sur les autres, en se posant rarement la question de supprimer des normes devenues caduques ou superflues.

Nous sommes pleinement responsables de cette inflation normative. Si 20 à 30 % des textes résultent directement de la transposition des normes européennes, pour lesquelles nous n'avons pas le choix, la majorité des lois et règlements est bien d'initiative nationale.

Ces règles, ces lois, ces règlements ne sont d'ailleurs pas anodins. Ils participent directement de la complexité vécue et subie par les citoyens. Ils ralentissent et alourdissent l'action publique et représentent un coût très important pour les entreprises. Tout cela a un coût direct qui se répercute sur la croissance économique et l'emploi. Ce coût a été estimé par la Fédération des entreprises de France à 60 milliards d'euros par an, soit près de 2,5 % de la richesse nationale. Deux économistes, Antoine Bozio et Étienne Wasmer, ont quant à eux calculé qu'il y avait théoriquement 1,7 milliard de combinaisons possibles pour calculer les prélèvements sociaux qui pèsent sur le salaire tellement le barème, les critères et les exemptions sont nombreux et complexes !

Le poids des normes est devenu tel qu'il menace même la prospérité du continent européen. Mario Draghi, dans un rapport récent remis à la Commission européenne, rappelle que cette politique européenne de réglementation très ambitieuse est une des raisons de notre décrochage économique par rapport aux États-Unis qui ont privilégié pour leur part l'investissement. Et il conclut qu'un sursaut s'impose si nous ne voulons pas décrocher définitivement. Un grand dirigeant de l'industrie automobile résume cela assez bien : « Les États-Unis stimulent, la Chine planifie, l'Europe réglemente. »

*

La multiplication des normes et des règles touche tous les aspects de notre vie collective, y compris au niveau local. Pour la seule année 2023 par exemple, le Conseil national d'évaluation des normes a estimé que plus de 250 textes concernaient les collectivités territoriales, représentant pour elles un impact financier estimé à plus de 1,6 milliard d'euros.

Si la dénonciation de cette véritable addiction réglementaire est largement partagée, comment expliquer la situation actuelle ? Pourquoi sommes-nous incapables de sortir de cette spirale infernale qui augmente le risque d'embolie ?

Cet emballement est d'abord sociétal et répond en partie à la demande croissante de la société pour du « cousu main », une plus grande individualisation de la réponse juridique, afin que la loi s'adapte à tous les cas de figure, règle tout dans les moindres détails. Il est le symptôme d'une recherche sans fin d'égalité absolue, comme l'avait d'ailleurs prévu Alexis de Tocqueville à propos des sociétés démocratiques lors de son célèbre voyage en Amérique.

La loi et les règlements administrent la vie de la cité dans les moindres détails, jusqu'à prévoir toutes les hypothèses, y compris celles qui n'ont aucune chance de se produire.

Cette tendance est le fruit d'une demande de sécurisation juridique maximale dans un contexte de judiciarisation des relations sociales et de la montée du risque pénal pour les responsables publics. Ce fut particulièrement marquant pendant la période du Covid. Lorsqu'il a fallu organiser le déconfinement et la réouverture des écoles en avril 2020, la veille de la reprise des cours, les directeurs d'école et chefs d'établissement ont reçu un protocole détaillant sur 56 pages les mesures à respecter…

*

Notre faible appétence pour le risque explique en partie cette complexité administrative grandissante et notre difficulté à y remédier.

En 2016, alors ministre de l'Économie, Emmanuel Macron lance France Expérimentation. J'étais à cette époque le directeur adjoint de son cabinet. Dans le même esprit que la loi dite « Macron », il s'agissait de faire sauter les verrous qui empêchaient l'innovation. Avec France Expérimentation, des entreprises pouvaient solliciter l'administration afin d'obtenir une dérogation à une norme pendant une durée déterminée. Cela devait permettre de tester un nouveau produit ou de nouvelles méthodes et, en fonction de l'évaluation de l'expérimentation, en obtenir la généralisation.

C'était au fond une approche de simplification pragmatique par ceux qui étaient confrontés à des règles qu'ils jugeaient inutiles ou obsolètes. C'est dans ce cadre-là par exemple que l'entreprise bordelaise Jestocke.com a obtenu en 2019 la possibilité d'expérimenter la location de box de véhicules inutilisés dans les immeubles, et en particulier dans les logements sociaux, pour en faire des espaces de stockage. En 2025, le suivi précis de l'expérimentation aboutit à l'identification de la possibilité de valoriser plusieurs dizaines de milliers de box vides et inutilisés et ainsi générer des ressources nouvelles pour les bailleurs sociaux. Pour autant, l'entreprise n'a toujours pas obtenu le feu vert pour généraliser cette activité. Derrière le report régulier de la décision de généraliser se cache en réalité la question du risque que court celui qui aura autorisé l'exploitation de ces box de parking à des fins de stockage si demain un incident devait survenir. Et alors qu'il semble préférable que des box vides, parfois occupés illégalement sans aucun contrôle, soient loués, surveillés et contrôlés, le risque juridique l'emporte. Une fois de plus, c'est le triomphe de l'immobilisme contre l'innovation.

Ce simple exemple illustre bien pourquoi ces dernières décennies nous avons assisté à une explosion des règles et des normes. Il s'agit, au fond, de gérer ce risque juridique au prix d'une entrave à la capacité d'action et d'innovation. Ainsi, depuis le lancement du programme France Expérimentation en 2016, seulement une toute petite poignée de décisions de remise en cause de la réglementation existante ont été prises.

Et ce n'est pas le moindre des paradoxes que nous vivons : tout le monde se plaint des règles et des normes, mais beaucoup attendent de la loi qu'elle règle nos relations économiques et sociales dans leurs moindres détails. Pour que nul n'échappe au principe d'égalité devant la loi, peu acceptent de prendre le risque du « désarmement normatif » pourtant indispensable.

La bureaucratie française est aussi la conséquence directe de l'éclatement des responsabilités, chacun y allant de sa propre norme, de ses exigences et de ses circulaires ou instructions. Le millefeuille administratif génère sa part de millefeuille réglementaire !

Comme ministre du Budget, chargé notamment de la douane, j'ai eu à me pencher sur un exemple édifiant : celui de la réglementation applicable à la viticulture. Au moment où éclate la crise agricole en début d'année 2024, la question des normes et de la complexité administrative pour les agriculteurs revient sur le devant de la scène.

Le Premier ministre lance alors un vaste chantier de simplification en mobilisant ministres et préfets pour apporter rapidement des solutions concrètes.

De mon côté, je m'adresse aux services de la douane pour que nous puissions avancer rapidement en matière de simplification en ce qui concerne les viticulteurs.

À l'occasion du Salon de l'agriculture, je signe ainsi un protocole avec l'ensemble des acteurs de la filière pour identifier et remettre à plat des obligations et réglementations qui pèsent au quotidien sur leur activité. Grâce au lancement de cette démarche, je comprends que les professionnels du secteur sont concernés par 86 déclarations différentes et 54 portails informatiques pour effectuer leurs démarches… dont 16 déclarations pour la douane dans 10 applications différentes !

Les normes et obligations administratives se sont empilées, sédimentées au fil des années sans qu'elles aient fait l'objet d'un réexamen ou d'une remise à plat. Résultat, les viticulteurs se retrouvent face à des obligations réglementaires redondantes, caduques ou parfois incohérentes entre elles.

Parmi les « surprises » que je découvre à l'occasion de ce travail figure la fameuse « déclaration parcellaire ». Derrière cette appellation se cache l'obligation faite aux viticulteurs de déclarer leurs surfaces d'exploitation. Si elle ne paraît pas inutile en soi pour connaître la taille des exploitations et ainsi calculer les aides dont peuvent bénéficier les viticulteurs, les professionnels de la filière m'expliquent qu'il y a dans les faits autant de méthode de calcul de la surface des parcelles qu'il y a d'administrations. Comme si une parcelle, au fond, ne pouvait se définir autrement que par cette règle simple : longueur multipliée par largeur… Mais nous n'aimons pas les règles simples.

Ainsi le casier viticole informatisé de la profession, les règlements européens de la politique agricole commune ou bien encore les aides de France AgriMer reposent-ils sur des méthodes différentes. Les uns prenant en compte les chemins d'accès, les autres excluant les zones de retournement pour les tracteurs… Chacun a établi son procédé, obligeant les viticulteurs à remplir différents formulaires pour arriver à des surfaces différentes selon les procédures concernées, alourdissant d'autant le temps et les démarches administratives qui pèsent sur les professionnels. Au fond, nous nous sommes progressivement habitués à faire supporter aux administrés le coût de notre complexité.

Nous avons alors lancé avec le ministre de l'Agriculture de l'époque, Marc Fesneau, un chantier de convergence et d'unification des calculs de surfaces et saisi la Commission européenne pour engager une modification de la définition communautaire. Le travail se poursuit… mais il faut bien reconnaître que ce type de chantier nécessite beaucoup d'énergie et d'engagement sur le temps long ; ce qui n'est pas toujours compatible avec la durée des mandats ministériels.

Ainsi l'éclatement des responsabilités entre différentes administrations se traduit-il mécaniquement par une dérive bureaucratique : autant de services, autant de règles, de normes et de reporting qui s'accumulent dans le temps, alourdissent le quotidien et contribuent à alimenter le ressentiment des citoyens. Car c'est sur eux que repose à la fin la complexité « interne » que nous n'avons pas su gérer.

*

La très grande créativité en matière de lois et de règlements est aussi la conséquence mécanique de l'absence d'intérêt dans le débat public et politique pour ce qui est des résultats. Réglementer, c'est agir. C'est une façon de démontrer et faire connaître son engagement, son action. C'est un marqueur du volontarisme politique.

C'est naturellement le cas des ministres qui cherchent à tout prix à imprimer leur passage avec un projet de loi, pour communiquer, pour « exister », pour reprendre cette drôle d'expression couramment utilisée par les commentateurs politiques. La question de l'immigration en est une parfaite illustration. Nous avons connu 28 lois depuis le début des années 1980, autant d'actes politiques sans forcément de résultats très concrets ou très probants.

La complexité est d'autant plus importante que, dans plusieurs domaines, l'État a perdu le contact avec le terrain en transférant à des opérateurs ou bien aux collectivités territoriales la responsabilité de mettre en œuvre ses propres décisions. Notre État recentré sur sa fonction stratégique, très à la mode dans les discours depuis trente ans, se révèle finalement un État plus prompt à concevoir de nouvelles initiatives, de nouveaux plans, de nouvelles idées d'évolution de la réglementation qu'à suivre la mise en œuvre concrète et ses effets sur les concitoyens. Je suis persuadé que l'on ne conçoit bien que lorsqu'on a le devoir et le pouvoir d'exécuter ce que l'on a conçu.

Débarrassée de la contingence des enjeux opérationnels, l'édiction de la norme devient alors la modalité d'action par excellence, l'intendance suivra… mais elle ne suit plus !

*

Le Parlement est lui aussi aux premières loges de l'emballement des lois. L'activisme normatif et la créativité du Parlement se sont imposés dans tous les domaines. Pour la seule période de 2017 à 2022, 2 000 propositions de loi ont été déposées à l'Assemblée nationale. Au mois d'avril 2025, soit un peu moins de deux ans depuis le début de la seizième législature, on dénombrait près de 100 000 amendements déposés à l'Assemblée nationale dont 5 000 qui ont été adoptés.

La fin du cumul des mandats a très probablement accentué cette tendance. Avant, les députés-maires par exemple consacraient nécessairement moins de temps à l'activité de législateur et avaient moins besoin de démontrer leur utilité, leur action à l'Assemblée. Aujourd'hui, l'activité des parlementaires est scrutée et jugée en fonction de statistiques et en particulier de celle du nombre d'amendements déposés. Cette information est mise à jour en temps réel et disponible à tous sur le site de l'Assemblée nationale. Pour afficher de bonnes « stats », les parlementaires sont incités à produire beaucoup d'amendements.

La période budgétaire est un cas d'école. Le projet de budget du gouvernement donne lieu à des milliers d'amendements qui atteignent aujourd'hui des records absolus depuis le début de la Ve République. Pour le budget de 2024 par exemple, il y a eu 10 631 amendements à l'Assemblée et 3 700 au Sénat ! Comme ministre, j'ai passé dix jours et dix nuits quasi continus pour arriver au bout de l'examen du texte au Sénat.

Pour les parlementaires, c'est une façon de signifier leur mobilisation quand bien même ils savent que la plupart de leurs amendements ont peu de chances d'être adoptés ou bien retenus par le gouvernement. C'est ainsi pour nombre d'entre eux un signal ou des amendements dits « d'appel ». L'acte de légiférer s'est en partie transformé en acte de communication.

Il est ainsi très fréquent que les députés spécialistes d'un domaine, comme le sport, l'aide publique au développement ou bien encore l'agriculture, déposent de nombreux amendements pour augmenter les moyens et les crédits de la politique qu'ils suivent, traduisant ainsi leur combat pour la « défense » de tel ou tel sujet. C'est aussi une façon d'envoyer un signal à l'écosystème en question qui peut parfois être un important vivier de voix. Comme pour les ministres, la hausse des moyens et des crédits reste le seul marqueur. Cela alimente la spirale de la dépense et rend quasiment impossible toute forme d'économies. Le budget devient alors le terrain de bataille de centaines d'intérêts particuliers.

*

Notre fiscalité est aussi victime de cette hyperactivité avec des velléités importantes de création de taxes en tout genre. Là encore, proposer de créer une taxe ou d'augmenter un impôt est une façon d'agir, de donner le change et de montrer son engagement. Et c'est dans ce contexte que nous en voyons fleurir : pour lutter contre les boissons sucrées, la consommation excessive d'alcool, les nuisances sonores des deux-roues, la recherche utilisant des animaux… Comme si, au fond, il n'y avait aucun problème qu'une bonne taxe ne pouvait résoudre ! Drôle de dérive puisque l'on sait bien que, sur de nombreux sujets, l'approche par l'impôt n'est pas la plus appropriée. Si certains aliments ne sont pas bons pour la santé, pourquoi les taxer ? N'est-il pas préférable de les interdire ou d'en réglementer la composition ?

En 1969 déjà, Jacques Chaban-Delmas, alors Premier ministre, mettait en garde sur les risques de vouloir faire jouer tous les rôles à l'impôt : « La fiscalité est le domaine d'élection du perfectionnisme administratif et, permettez-moi de le dire, parlementaire. À force de vouloir, par des subtilités sans nombre, rendre l'impôt plus juste ou plus efficace, on l'a rendu souvent inintelligible, ce qui le prédispose à être inefficace et injuste. »

C'est notamment pour cette raison que je me suis opposé aux propositions de taxes sur le vin au nom de la santé publique.

Alors député, j'adresse, avec d'autres confrères du groupe d'études « Vigne et vins » de l'Assemblée, un courrier à Bruno Le Maire et Gabriel Attal pour exprimer notre désaccord avec ce projet du gouvernement. Ironie du sort, je suis nommé ministre deux jours plus tard, et c'est comme ministre des Comptes publics que je reçois le courrier que je viens de cosigner ! Je plaide alors pour le report de cette mesure. Pas convaincu par l'argument de la fiscalité comportementale, je suis au contraire favorable à une approche globale de la politique de santé reposant sur l'information et la prévention, dans un contexte par ailleurs où la filière traverse des difficultés importantes. Lorsque j'obtiens de la Première ministre l'abandon de cette mesure, Bruno Le Maire note que c'était le risque, en choisissant un ministre du Budget bordelais ! Je crois pour ma part qu'il ne faut pas perdre de vue que le rôle des impôts et de la fiscalité est de collecter des ressources pour financer nos services publics. Et que, lorsqu'on s'écarte de cet objectif, on finit par vouloir leur faire jouer un rôle qui n'est pas le leur, ce qui amène à une complexité fiscale inouïe !

*

Enfin, l'inflation normative tient aussi à notre fâcheuse habitude à toujours vouloir faire mieux, notamment quand des textes arrivent de l'échelon européen. L'Union fixe des normes communes. C'est son rôle. Mais, trop souvent, la France y ajoute des couches, complexifiant inutilement le droit, pénalisant nos entreprises et introduisant des obligations qui ne s'appliquent… qu'à nous, alors que nous pouvions nous contenter d'appliquer les normes européennes.

Un rapport de l'Assemblée nationale de 2017 a révélé qu'au moins une directive européenne sur quatre faisait l'objet d'une mesure de surtransposition en France, avec des effets négatifs pour les acteurs économiques, notamment dans le secteur de l'industrie.

La directive européenne sur le reporting de durabilité des entreprises (CSRD), la directive NIS 2 sur la cybersécurité ou encore la directive sur les déchets ont toutes été transposées en France avec des obligations supplémentaires. Cette surtransposition systématique complexifie les procédures, accroît les coûts de mise en conformité et assigne les acteurs français à un cadre plus contraignant que celui appliqué chez leurs concurrents européens.

Moins de normes, plus de confiance, plus de résultats

Lutter contre l'inflation des normes : des générations entières de politiques s'y sont cassé les dents.

En 2013, François Hollande prévoyait avec le « choc de simplification » 11 milliards d'économies d'ici à 2017 ; moins de la moitié des mesures annoncées ont été effectivement mises en œuvre. En 2014, Manuel Valls, alors Premier ministre, annonçait la fin des départements. En 2017, Emmanuel Macron annonçait la suppression de 120 000 postes de fonctionnaires, engagement qui ne pourrait pas être tenu en raison des crises successives qui ont marqué ses deux quinquennats.

Cela ne signifie pas que rien n'a été fait dans ce domaine. Chaque fois, des avancées utiles en matière de simplification ont eu lieu. Je pense en particulier à deux exemples récents très différents.

Le premier, c'est le prélèvement à la source pour l'impôt sur le revenu. C'était une simplification largement plébiscitée alors que beaucoup lui prédisaient un échec retentissant. Pourtant, la volonté et l'engagement des agents de Bercy qui ont bâti cette réforme ont permis de transformer durablement le rapport à l'impôt sur le revenu des contribuables.

Dans un tout autre domaine, je pense aux justificatifs demandés aux personnes en situation de handicap. J'avais lancé comme délégué interministériel à la transformation publique un baromètre des actes les plus complexes. Et les questions liées au handicap étaient très nombreuses en ce qui concernait les demandes de simplification. Chaque année, par exemple, une aberration conduisait les personnes handicapées de façon permanente à devoir produire un justificatif pour apporter la preuve qu'elles étaient toujours handicapées… Nous y avons logiquement remédié.

Des avancées régulières et concrètes, donc, mais pas de rupture fondamentale ou de réduction majeure du poids des normes et des règles.

Tel Sisyphe devant son rocher, il y a de quoi se décourager. Je me souviens par exemple, lorsque j'étais chargé de la transformation publique auprès d'Édouard Philippe, que nous avions demandé aux ministres de diminuer drastiquement leur production de circulaires. Dans les semaines qui ont suivi l'instruction du Premier ministre, nous avons vu fleurir des messages électroniques des administrations centrales à destination des services sur le terrain qui certes ne prenaient pas la forme d'une circulaire mais qui y ressemblaient fortement… Forme de rébellion déguisée destinée à exprimer le mécontentement des administrations qui voyaient là une forme de limitation de leur pouvoir normatif.

Nous nous sommes aussi attaqués aux commissions et comités et j'ai le souvenir de longues après-midi passées dans la bibliothèque de Matignon à étudier, ministère par ministère, des tableaux entiers pour tenter de faire fondre cette inflation comitologique !

*

Face à ces tentatives répétées et au risque d'épuisement qui guette ceux qui s'y attellent, je crois qu'il faut changer de méthode et partir du principe qu'il est nécessaire de traiter la réduction de la norme à la source. Tant qu'il y aura des hommes, il y aura des normes… Nous avons toujours envisagé des approches en bout de chaîne : nettoyer des textes existants en apportant des simplifications, imposer des contraintes, comme le fait de supprimer deux décrets pour en prendre un… Mais cela se révèle dérisoire face à la pression constante de celles et ceux qui sont en situation de prendre ou de proposer de nouvelles normes. Ma conviction est que nous ne gagnerons ce combat qu'en remontant à la source de la complexité et donc en réduisant le nombre de personnes qui sont en capacité de proposer de nouveaux textes. En commençant par celles et ceux qui font la loi : c'est-à-dire les parlementaires.

C'est la plus escarpée, mais toutes les autres approches sont vouées à l'échec.

À l'Assemblée, le réflexe naturel de vouloir agir, de laisser son empreinte conduit à des initiatives individuelles visant à modifier, enrichir, voire créer de nouvelles normes. Pour changer la donne, j'ai la conviction qu'il n'y a qu'une seule solution : réduire significativement le nombre de parlementaires.

Il est indispensable de faire du Parlement le garant de l'efficacité des politiques publiques et des services publics alors même qu'aujourd'hui cette mission est très largement délaissée voire invisibilisée au profit de la fabrique de la loi.

Contrôler l'action du gouvernement est l'une des missions fondamentales du Parlement. L'article 24 de notre Constitution le rappelle explicitement. Et pourtant, cette fonction souffre d'un double mal français : quand elle est exercée, elle l'est souvent de manière formelle et peu suivie ; et quand elle est menée sérieusement, elle ne produit que rarement des effets. En somme, soit on contrôle mal, soit on contrôle pour rien.

Les semaines dédiées à cette mission dans l'agenda de l'Assemblée, créées en 2008, devaient permettre au Parlement de se saisir de sujets en dehors du débat législatif. Une semaine sur quatre, chaque groupe peut inscrire des débats ou des questions à l'ordre du jour. L'intention était louable : redonner corps à la fonction de vigie démocratique et de contrôle de l'exécutif au Parlement. En pratique, ces semaines sont fréquemment désertées, les débats peu suivis, les échanges convenus. Pire, certains groupes instrumentalisent ces créneaux pour revenir inlassablement sur des thèmes qui servent uniquement leur agenda politique et médiatique immédiat – retraites, immigration, politique étrangère –, sans réelle volonté d'évaluation. Ce sont souvent des débats sans débat, sans vote, sans suite.

Et pourtant, lorsqu'on structure sérieusement le contrôle, la qualité est au rendez-vous. Il n'est qu'à voir l'activité du Comité d'évaluation et de contrôle des politiques publiques (CEC), créé en 2009, qui produit des rapports approfondis et souvent consensuels sur l'emploi des seniors, les politiques du logement, la formation professionnelle ou l'orientation. Rédigés par des binômes majorité/opposition avec le concours d'administrateurs chevronnés, ces travaux pourraient inspirer des réformes utiles. Mais trop souvent, ils tombent dans l'oubli : absence de relais médiatique et donc désintérêt politique, inertie administrative, changement de majorité… On évalue bien, mais on n'en fait rien.

Même constat du côté budgétaire. Le Printemps de l'évaluation, organisé depuis 2018 au sein de la commission des finances, permet de passer au crible l'exécution budgétaire de chaque ministère. Les auditions sont solides, les rapports sérieux. Mais aucune obligation n'impose au gouvernement de répondre aux recommandations formulées. Il peut choisir d'en tenir compte, ou pas. Le Parlement joue son rôle, mais sans levier d'action.

D'autres pays ont mis en place des mécanismes qui donnent du poids au contrôle parlementaire. Au Royaume-Uni, le Public Accounts Committee, présidé par un député de l'opposition, oblige le gouvernement à répondre point par point à ses recommandations dans un délai de deux mois. En Allemagne, toute « grande interpellation » donne lieu à une réponse détaillée et à un débat en séance. Aux États-Unis, le Government Accountability Office (GAO), bras armé du Congrès, publie chaque année des centaines de rapports suivis par des plans d'action, générant des milliards d'économies.

La France dispose des outils mais ne s'est pas donné les moyens de s'en servir. Tant que les rapports du Parlement ne seront ni systématiquement débattus en séance ni assortis d'un droit de suite, tant que le gouvernement pourra les ignorer sans justification, le contrôle restera un rituel plus qu'un pouvoir. Le Parlement alerte, mais il ne pèse pas. Il constate, mais il ne transforme pas. Il devient parfois un spectateur cultivé de l'action publique, mais il est impuissant.

*

J'ai eu l'opportunité de faire l'expérience de ce que peut être un travail d'évaluation parlementaire au sein du Comité d'évaluation et de contrôle. Et puisqu'un bon contrôle commence par le choix d'un sujet essentiel, j'ai décidé de me saisir d'une politique publique qui me tient profondément à cœur : l'orientation des jeunes. Un enjeu décisif pour l'égalité des chances, mais trop souvent relégué au second plan, sans cap clair et éclaté entre des acteurs multiples. Quand on croit, comme c'est mon cas, à la nécessité de se battre pour plus d'égalité des chances et déjouer les destins écrits d'avance, la façon dont on aide les jeunes lycéens à s'orienter et faire leur choix de formation ou de profession est décisive.

Je suis assez bien placé pour le savoir. J'ai grandi à Bordeaux, issu de la classe moyenne et scolarisé dans un des lycées avec les moins bons résultats de la ville. Lorsque le moment arriva de choisir ce que je voulais faire après le baccalauréat, je me suis renseigné, j'ai consulté les fiches métiers du centre d'information et d'orientation (CIO), échangé avec les enseignants. Et, comme beaucoup de jeunes dans ma situation, j'ai hésité puis renoncé à choisir la voie la plus sélective, celle des classes préparatoires, de peur de ne pas être à la hauteur. C'est par le hasard des rencontres et des échanges que j'ai découvert une formation plus confidentielle, à cheval entre le lycée Gustave-Eiffel et l'université de Bordeaux, préparant notamment au concours de l'ENS Saclay, et qui me permettait de commencer mon parcours dans l'enseignement supérieur. J'ai travaillé, bien évidemment, pour réussir mes concours, mais je considère toujours aujourd'hui que j'ai eu de la chance car, comme élèves, nous étions laissés seuls avec nos familles pour nous informer et choisir les formations les plus adaptées.

J'ai toujours considéré que rien ne me prédestinait à pouvoir intégrer les écoles les plus prestigieuses et qu'il aura toujours fallu une dose de chance pour que j'échappe aux forces des déterminismes sociaux qui restent prégnants dans les choix d'orientation.

J'ai donc été chargé d'un rapport d'évaluation avec un autre député d'opposition, Hendrik Davi, alors membre de La France insoumise, sur la politique d'accès à l'enseignement supérieur.

Après six mois de travail et d'auditions, nous sommes arrivés à des conclusions communes, ce qui me paraissait impensable au lancement de nos travaux. Nous dressons en particulier le constat d'un immense gâchis et d'impréparation pour un très grand nombre d'élèves qui doivent faire leurs choix sur la plateforme Parcoursup. Nous avons mis en évidence une politique publique sans cap, éclatée entre des responsabilités multiples : service de l'État, Onisep, CIO, régions… et qui nécessite d'être profondément revue pour tenir davantage compte de la promesse républicaine d'égalité des chances.

Disons-le clairement, ce rapport, pourtant conjoint entre deux parlementaires d'horizons politiques très différents, n'a suscité au mieux qu'un intérêt poli. Un débat dans un hémicycle quasi désert et aucune décision ou aucun engagement de réforme du côté du gouvernement, alors que ce sujet touche des centaines de milliers de jeunes et leurs familles. Il faudra attendre juin 2025 pour qu'Élisabeth Borne lance un chantier sur ce sujet.

Il y a beaucoup d'exemples assez similaires dans les travaux des parlementaires.

L'essentiel de l'énergie, de l'attention politique et médiatique est hélas concentré sur la production normative, les amendements, le vote de lois, alimentant ainsi la surenchère normative…

*

Pour changer cette culture et lutter contre ses effets en matière de production de textes, il faut conduire une profonde réforme du Parlement afin qu'il retrouve ses deux fonctions premières : voter des lois, fondées sur des grands principes, et contrôler de manière exigeante le gouvernement.

C'est une des raisons pour lesquelles il est primordial de reprendre la réforme qui avait été tentée en 2018. Cette dernière envisageait de réduire le nombre de parlementaires de 30 % afin d'améliorer l'efficacité du travail législatif et de moderniser la représentation nationale. Le nombre de députés devait ainsi passer de 577 à 404 et celui des sénateurs de 348 à 244.

Moins de parlementaires, c'est d'abord moins de production de textes et surtout des parlementaires mieux armés, par un renforcement de leurs moyens permis par la baisse du nombre d'élus, car les conditions d'exercice de leur mission se posent véritablement.

Pour prendre mon exemple, représentatif de la situation des autres députés, j'ai trois collaborateurs qui se répartissent entre la circonscription à Bordeaux et l'Assemblée nationale à Paris. Avec cette équipe réduite, je dois répondre aux diverses sollicitations que je reçois, tenir une permanence parlementaire, organiser les déplacements, visites et rencontres dans la circonscription, assurer la gestion administrative (courrier, comptabilité…), mais aussi répondre aux journalistes, rédiger des amendements, assurer la présidence de commissions d'enquête, conduire des missions d'information, porter des propositions de loi, suivre les travaux en commission, contrôler l'action du gouvernement… Le quotidien d'un député est finalement très morcelé, jonglant entre la circonscription, l'hémicycle et les travaux en commission. Difficile, dans de telles conditions et avec ces moyens, de pouvoir exercer notamment un pouvoir réel de contrôle du gouvernement et d'assurer sa mission de législateur. De fait, même pour la rédaction des amendements et des textes législatifs, qui sont au cœur de nos prérogatives, nous devons très souvent nous tourner vers l'exécutif qui dispose de la compétence technique.

C'est aussi pour cela qu'il faut renforcer les compétences et le poids politique de l'Assemblée nationale dans cette activité de contrôle en lui adjoignant les services de la Cour des comptes.

Depuis des années, on se plaint de l'absence du suivi des recommandations de la Cour des comptes comme on se plaint du manque de moyens et d'expertise de l'Assemblée. Le *statu quo* ne suffit plus, alors même que ces deux institutions partagent des objectifs communs.

En réduisant le nombre de parlementaires, en renforçant leurs moyens et en rééquilibrant leur travail vers l'évaluation et le contrôle, les lois devraient retrouver leur caractère général, se concentrant sur de grands principes, laissant de la place aux partenaires sociaux et aux acteurs sur le terrain pour s'approprier les conditions de sa mise en œuvre et ainsi permettre des adaptations locales. Laisser, au fond, de la liberté à celles et ceux qui les appliquent ou les font appliquer au quotidien.

Le repositionnement du rôle du Parlement passe aussi par le changement du calendrier, et notamment celui relatif aux débats du budget. Aujourd'hui, le temps consacré au vote des lois financières est très important. Pourtant, les lois de règlement, qui visent à examiner les résultats et l'exécution du budget, suscitent peu d'intérêt et sont expédiées, quand elles sont votées… ce qui n'est d'ailleurs plus le cas depuis 2022. En rééquilibrant le temps parlementaire, nous pourrions réinvestir le champ de l'évaluation de toutes les dépenses, celles de l'État mais également celles de la Sécurité sociale et des collectivités territoriales.

*

Au-delà de la réforme du Parlement, la réduction du nombre de celles et ceux qui font les règles doit concerner l'État au premier chef. Pour illustrer le mal dont nous souffrons, il m'arrive parfois de recourir à une image : au fond, l'État, c'est désormais une très grosse tête sur un petit corps.

Pour redonner de l'air, de la liberté aux acteurs sur le terrain, pour s'empêcher de prendre de nouvelles initiatives se traduisant inexorablement par de nouvelles instructions ou de nouvelles règles, nous devons réduire significativement la taille des ministères à Paris, d'au moins un quart, au profit du renforcement de la première ligne des services publics sur le terrain. Cela doit également permettre aux équipes des ministères qui ont perdu parfois le contact avec le terrain de s'y réancrer et de se mettre au service de celles et ceux qui agissent au quotidien. Nous gagnerons ainsi en visibilité de l'action publique alors que le foisonnement des initiatives et des projets ralentit les projets prioritaires et brouille la compréhension qu'ont les Français de l'action gouvernementale.

Ce mouvement de « désarmement volontaire » des fonctions centrales doit s'accompagner de la poursuite d'une profonde transformation des ressources humaines au sein de l'État.

C'était d'ailleurs un des objectifs fixés à la réforme de la haute fonction publique et la transformation de l'ENA devenue Institut national du service public (INSP). En 2021, le président de la République, s'adressant à l'ensemble de l'encadrement supérieur de l'État, annonce sa volonté de réformer l'école. Je fais partie de la commission présidée par Jean Bassères qui est créée pour préfigurer l'INSP.

Je n'ai jamais été partisan de la suppression de l'ENA. Pour ma part, je dois beaucoup à cette école. Sans elle, je n'aurais jamais pu imaginer le parcours qui a été le mien. Elle aura pour moi tenu la promesse républicaine. Mais j'ai aussi très vite compris que l'ENA souffrait d'un trop fort déterminisme social et que la promesse d'ouverture des carrières publiques au plus grand nombre faite en 1945 n'était pas tenue, tout comme la diversité d'origine géographique des élèves au regard de la très forte prépondérance des élèves originaires de la région parisienne. En intégrant l'ENA, je suis entré dans un univers qui n'était pas le mien.

Je me souviens de la première fois où, peu après l'admission, nous étions conviés rue de Lille pour une première réunion d'information. J'intégrais une école, j'étais donc étudiant, et pourtant j'étais le seul sans costume ni cravate ! Si j'ai toujours été très attaché à cette école car, comme tous ses anciens élèves, je lui dois beaucoup, il n'en demeure pas moins que sa refondation m'apparaissait comme indispensable et urgente.

D'abord, en diversifiant les profils, pour rompre avec le moule initial trop uniforme et se doter d'une haute fonction publique qui ressemble davantage à la société. La création de classes prépas « Talents » en 2021 un peu partout en France pour aider et accompagner des étudiants en province à accéder à la haute fonction publique avec quelques places réservées est une vraie avancée. Mais elle ne concerne que quelques-uns. Pour aller plus loin, il m'apparaît nécessaire de créer une voie d'accès spécifique pour les étudiants boursiers méritants avec un nombre de places dédiées significatives. C'est au fond la voie qu'a empruntée Sciences Po Paris pour élargir son vivier de recrutement et accueillir des élèves des lycées les moins favorisés. Je crois pour ma part que c'est ce chemin qu'il faut emprunter pour l'INSP afin d'ouvrir bien davantage la haute fonction publique à la diversité des profils qui font notre pays.

Ce qui me frappait aussi comme élève à l'ENA et au fond assez peu connaisseur de ce système de l'intérieur, c'est que, passé l'immense joie et la fierté d'intégrer cette école, nous étions de nouveau plongés, malgré déjà de longues années d'études dans le supérieur, en classe préparatoire… puisque la scolarité, au-delà de la préparation attendue à l'exercice du métier de haut fonctionnaire, avait un unique objectif : classer les élèves pour qu'ils choisissent à la sortie leurs postes dans l'ordre du tableau. Cela a toujours été pour moi le nœud du problème, surtout avec la perspective de pouvoir intégrer, pour les premiers sortis dans « la botte », les grands corps : c'est-à-dire l'Inspection générale des finances, le Conseil d'État et la Cour des comptes. Toute la scolarité était affaire d'épreuves, de concours, de notes, de contestation de l'équité des épreuves, de comparaison et de concurrence individualiste. Bref, beaucoup moins de préparation à l'exercice d'un premier poste et d'apprentissage de la coopération et du travail collectif, pourtant indispensables pour la suite de nos carrières. L'enjeu concret, opérationnel, était largement relayé au second plan.

Avec la commission Bassères, nous avons plaidé pour faire tomber le tabou du classement de sortie et faire en sorte que l'INSP ne soit pas une énième école. Mais plutôt un temps de préparation à l'exercice d'un métier, en prévoyant à son issue un recrutement par des employeurs, comme cela se fait dans le privé mais aussi au sein de la fonction publique territoriale. Ce changement exigeait toutefois une vigilance particulière sur les questions de transparence et de collégialité dans les recrutements, afin de ne pas reproduire ce qui avait conduit notamment à la création de l'ENA, à savoir la constitution de recrutements endogames au sein des filières prestigieuses de la haute fonction publique.

Je considère que la fin du classement a été la décision la plus importante qui a été prise, bien plus que la transformation de l'ENA en INSP. Ce n'était pas gagné. Je me souviens des réticences du Premier ministre de l'époque Jean Castex. C'était un chamboulement majeur, qui devait d'ailleurs pour moi s'accompagner d'un autre changement. En supprimant le classement de sortie, il fallait aller au bout de la logique et supprimer aussi ce qui avait justifié son maintien : la possibilité de sortir directement dans les grands corps de l'État.

Avant d'évaluer, de juger, d'auditer, ce qui est la fonction principale de ces grandes institutions, il me semble crucial que tous les hauts fonctionnaires exercent des fonctions opérationnelles, mènent des projets concrets, gèrent des équipes. On ne peut pas concevoir des politiques publiques si on est parfaitement ignorant des enjeux concrets de mise en œuvre et de leurs conséquences sur le terrain. Là-dessus, la réforme n'est pas allée assez loin.

C'est un regret car, pour ma part, je pense qu'on ne réussira cette transformation profonde de l'action publique que si, à tous les niveaux, la mise en œuvre des réformes et de la réalité quotidienne de celles et ceux qui incarnent et portent le service public s'impose comme la préoccupation principale. Cela passe nécessairement par le fait d'avoir exercé des responsabilités opérationnelles dans tous les parcours des hauts fonctionnaires. Cela doit être une condition indispensable pour prendre des fonctions d'encadrement et pouvoir progresser au sein de la fonction publique. C'est la gestion des parcours qu'il faut réformer, et il faut faire de la pratique du terrain et de l'opérationnel un point de passage obligé.

Toujours sur le plan de la gestion des ressources humaines, je suggère de mettre en place le fait qu'une partie de la rémunération des agents publics soit directement liée aux résultats des services publics. Ce chantier, Stanislas Guerini, alors ministre de la Fonction publique, a souhaité le relancer en février 2024. Cela me semble nécessaire. D'abord, pour ne jamais perdre de vue que, à la fin, la raison d'être des agents publics est bien de conduire et mettre en œuvre des services pour le public. Et qu'il est donc normal que la rémunération dépende en partie de l'atteinte ou non des objectifs des services publics. Il ne s'agit pas dans mon esprit d'associer à chaque agent un résultat. Les critères individuels sont déjà pris en compte dans l'engagement professionnel ou dans la manière de servir. C'est ainsi que l'on obtient des promotions ou que l'on progresse.

Il s'agit plutôt de se dire que, dans un ministère, dans un établissement public, dans un service, il y a des engagements collectifs de résultats pour le public qui lient tous les agents, quel que soit leur niveau hiérarchique. Et que ces engagements ont un impact à la fin sur leur reconnaissance et donc leur rémunération. Je pense d'ailleurs que, dans une période avec une moins grande instabilité ministérielle, les ministres comme les directeurs et l'ensemble des agents devraient systématiquement avoir une part « collective » de leur rémunération liée aux résultats des services dont ils ont la charge (délai de traitement des plaintes et des demandes, satisfaction des usagers dans les maisons France services, montant collecté en matière de lutte contre la fraude…).

*

La sortie de l'addiction à la norme passe également par l'innovation et la promotion d'autres modes d'action. Pour cela, nous pouvons nous inspirer de ce qui se fait ailleurs. C'est le cas des sciences comportementales.

En prenant mes fonctions comme délégué interministériel à la transformation publique, j'ai découvert l'existence d'une petite équipe spécialisée dans ce domaine. Ils explorent les alternatives à la réglementation ou à la taxation pour promouvoir des comportements vertueux, par exemple en matière de civisme fiscal, de prévention sanitaire ou bien encore de sécurité routière. Certains pays ont par exemple utilisé une représentation en relief des passages piétons pour faire ralentir les automobilistes, d'autres ont peint les marches des escaliers telles des touches de piano pour inciter à les emprunter plutôt que de recourir à l'Escalator et ainsi promouvoir l'activité physique. L'idée est de s'appuyer sur les approches comportementales, sur la compréhension des « biais cognitifs » pour atteindre des objectifs de politique publique de façon moins « dure » que par l'obligation ou l'interdiction. En France, cette approche a été utilisée il y a près de dix ans pour inciter les Français à déclarer leurs impôts en ligne avec l'envoi de SMS ciblés. Ces derniers leur rappelaient la part des contribuables proches de chez eux qui le faisaient déjà et, s'appuyant sur notre tendance au conformisme social, incitaient le plus grand nombre à le faire. Sans, évidemment, le rendre obligatoire. Les résultats furent tout à fait probants.

Je me suis d'emblée intéressé à leurs travaux car j'y voyais une piste intéressante dans un contexte d'emballement normatif. C'est ainsi que fut créée une équipe « Nudge » que je m'empressai d'installer au service de tous les ministères comme l'ont fait avant nous d'autres pays européens ; je pense en particulier au Royaume-Uni. Avec une équipe renforcée et une visibilité interministérielle, l'équipe put explorer de nouveaux champs d'intervention, de la simplification des formulaires et des courriers administratifs à la prescription des antibiotiques par les médecins ; de la réparabilité des produits jusqu'à la réduction de l'usage du chauffage au bois. Avec un seul objectif en tête : convaincre nos interlocuteurs dans les ministères que chaque problème de politique publique ne trouve pas nécessairement sa solution la plus rapide et la plus efficace dans un nouveau texte ou une nouvelle circulaire, ou une taxe ! Et que des actions concrètes peu coûteuses et rapides sont parfois plus efficaces. Depuis, ce programme a continué à se développer avec plus de cas concrets à mettre à son actif. Je pense par exemple aux travaux sur l'addiction aux écrans, les freins à la vaccination des personnes en EHPAD ou bien la promotion du sommeil des enfants.

*

Sortir du carcan administratif et bureaucratique nécessite de combattre la méfiance généralisée qui alimente l'empilement des normes. Il faut pouvoir faire confiance à celles et ceux qui ont la responsabilité de faire fonctionner nos services publics au quotidien. C'est probablement le défi le plus grand, tellement le contrôle et la méfiance se trouvent au cœur de nos organisations bureaucratiques.

Les agents publics, en première ligne, sont, comme les citoyens, victimes de cette complexité. Qu'il s'agisse de mettre en œuvre les règles de l'assurance chômage, de faire comprendre le maquis fiscal aux contribuables ou bien encore d'appliquer les règles d'urbanisme, pour ne citer que quelques exemples, ils attendent eux aussi de profondes simplifications.

Loin des poncifs et des idées reçues, les agents publics ne sont pas opposés aux réformes par principe. Sur un certain nombre de sujets, ils sont les premiers à subir les difficultés de notre organisation actuelle et proposent des simplifications qui ne prospèrent pas toujours en raison d'oppositions éloignées des considérations de terrain. J'ai été en particulier marqué par une opération que nous avons mise en œuvre en 2017. Peu de temps après ma nomination, j'ai eu rendez-vous avec le Premier ministre, Édouard Philippe, pour échanger sur la feuille de route et les priorités de mon action.

Je lui ai alors proposé de choisir un territoire, d'y réunir l'ensemble des services publics qui y œuvraient et de leur laisser « carte blanche » pour construire les solutions qui permettraient de simplifier, de faciliter l'accès aux services afin de mieux répondre aux besoins des citoyens.

J'ai recommandé ce test nourri de mon expérience à Pôle emploi où nous avions laissé de grandes marges de manœuvre à chaque agence afin de mieux répondre aux spécificités de ses usagers.

Nous avons lancé cette opération avec le Premier ministre, à Cahors, en décembre 2017, en marge de la conférence nationale des territoires.

Les services publics locaux ont été réunis dans un amphithéâtre où le Premier ministre leur a lancé le défi. Avec mes équipes, nous allions les accompagner pour bâtir leurs solutions à l'échelle du territoire en espérant initier, par le terrain, un mouvement plus large de réformes.

Parmi les propositions qui ont émergé, l'une d'entre elles me semblait très intéressante. De nombreux services publics de guichet, allocations familiales, assurance maladie, services sociaux de la ville ou du département, pointaient le fait qu'ils faisaient souvent face aux mêmes publics, leur demandaient les mêmes informations, mais ne partageaient pas entre eux ces éléments indispensables. Les usagers se trouvaient alors ballottés d'un service à l'autre.

Après plusieurs mois de travail, les différents acteurs ont dessiné la vision d'un guichet unique avec des agents polyvalents capables d'accompagner toutes les démarches. Bref, la perspective d'un service plus simple, gommant pour les citoyens les silos et les complexités administratives et donnant aux agents publics une plus grande capacité d'action et d'accompagnement.

Au fond, il s'agissait d'une proposition très ambitieuse, qui dépassait les logiques territoriales de chaque service public, en mettant en commun les données et les ressources pour ne faire prévaloir que l'intérêt du citoyen.

J'ai vécu cette expérience comme un très grand moment de transformation publique. Nous apportions ici la preuve qu'il était possible de faire de grands changements attendus par les citoyens mais aussi par les agents publics.

Sur la base de l'expérience de Cahors, le programme de maisons France services a été lancé. Ces dernières, fixes ou mobiles – nous avions expérimenté le premier bus des services publics –, ont été mises en place pour garantir la présence et l'accès aux services publics avec une meilleure couverture territoriale.

Comme trop de ces transformations, il s'est malheureusement arrêté au milieu du gué.

Parce qu'elle percutait les grands opérateurs et structures jaloux de leur réseau dédié, parce que mettre en commun des agents polyvalents formés revenait à créer demain un réseau unique de proximité pour l'accompagnement et les démarches des citoyens reposant sur un nouveau métier de l'accueil des usagers, cette vision maximaliste d'une simplification complète conçue et poussée par les usagers et les agents eux-mêmes des services publics n'a pas été menée jusqu'au bout.

*

Le Conseil national de la refondation (CNR) a suivi le même chemin et le même dénouement. Cette démarche, initiée en 2022 par le président de la République, visait justement à changer d'approche pour réformer nos services publics en partant du constat que la méthode par le haut, à grand renfort de plans nationaux, ne marche plus malgré les moyens mobilisés.

Là encore, le CNR reposait sur une approche inverse : permettre aux acteurs de terrain de procéder aux changements qui améliorent concrètement le fonctionnement de nos services publics, en particulier dans le domaine de l'école et de la santé.

C'était un changement radical dans la mesure où, traditionnellement, les réformes sont conçues par les ministères. Là, les responsables en étaient les agents. C'est-à-dire ceux qui sont en contact direct avec le public, les mieux placés pour porter les avancées les plus attendues. Ils méritent d'être aidés et soutenus pour cela par les administrations centrales et l'encadrement intermédiaire. Portée directement par le président de la République, cette approche qui dépossédait en partie les fonctions centrales de leur pouvoir et de leurs prérogatives s'est heurtée dès le départ à une forte opposition. Elle exigeait que chacun remette en question sa façon de faire et de travailler, et se mette au service des agents de la première ligne et donc soit capable de leur faire confiance.

C'était de fait une déconcentration radicale que portait cette approche, une révolution d'ampleur dans le fonctionnement de l'État.

Elle a été accueillie avec beaucoup de scepticisme, parfois même de la moquerie, jusqu'aux membres du gouvernement qui voyaient là une initiative « baroque » et sans lendemain du Président.

Cette démarche s'est pourtant traduite par des initiatives dans de très nombreux établissements scolaires, avec un fonds d'innovation pédagogique doté de 500 millions d'euros pour soutenir les projets. La démarche s'est progressivement essoufflée, car uniquement soutenue par le président de la République et pas suffisamment défendue par les gouvernements successifs. Mais cela a démontré là encore qu'il y avait une appétence des agents publics pour innover et trouver des solutions locales.

*

Ces deux expériences, dont le potentiel de transformation s'est arrêté à mi-chemin, illustrent la capacité de changement et de transformation de nos services publics. Il est faux de dire que par principe les agents publics sont opposés aux évolutions et aux réformes. En revanche, notre organisation est arrivée à un tel niveau de complexité que les forces conservatrices, les contraintes, les luttes de pouvoir et de périmètre finissent par avoir la peau des initiatives plus déconcentrées qui visent à redonner le pouvoir aux agents se trouvant en première ligne. Pour réussir à changer profondément notre modèle et notre organisation, il est inévitable d'affronter ces conservatismes. Et donc de s'engager avec une très grande force politique et un mandat clair des Français.

Conclusion

Face aux conservatismes, la voie d'une réforme populaire

À travers ces pages, j'ai essayé de mettre à profit mon expérience de plus de vingt ans au service de l'action publique et de l'intérêt général pour en tirer quelques enseignements, partager des convictions et formuler des propositions. Je suis par tempérament peu enclin aux discours catastrophistes et déclinistes. Mais ce que j'ai observé et vécu ces dernières années m'a aussi conforté dans l'idée que nous faisions face à un épuisement généralisé de notre modèle et qu'il nous fallait regarder lucidement la situation dans laquelle nous nous trouvons désormais.

La crise démocratique que nous traversons est très sérieuse et inquiétante. J'ai cherché à remonter aux sources de cette perte de confiance qui prend ses racines dans la façon dont nous agissons au service de nos concitoyens. J'en suis maintenant convaincu : notre crise démocratique est avant tout une crise de l'efficacité de l'action publique. Elle est le fruit de notre impuissance et de l'irresponsabilité qui s'est progressivement propagée et généralisée et qui engendre incapacité d'agir, inflation des règles et dérive des dépenses publiques.

Pour y répondre, il faut sortir des slogans et porter un projet de transformation profonde. Le conservatisme, l'immense difficulté à porter des réformes de fond dans nos services publics et dans notre façon d'agir sont à la racine de la défiance et de l'éloignement entre les citoyens et leurs représentants. Nous avons la responsabilité d'enrayer la montée de l'antiparlementarisme et plus généralement de la mise en accusation de l'efficacité de la démocratie comme modèle d'organisation de notre vie collective, et les tentations de regain de l'autoritarisme que nous observons partout dans le monde, y compris dans notre pays.

*

Il n'y a aucune fatalité. Comme j'ai cherché à le montrer tout au long de ces pages, il existe des réponses pour chacun des maux profonds qui rongent notre pays. Nous ne sommes bien évidemment pas condamnés à cette impuissance ni à devenir spectateurs d'un affaiblissement irrémédiable en attendant que le pire advienne.

Qu'il s'agisse de la capacité à agir des responsables politiques, du retour de la responsabilité, de la clarification des rôles de chacun, du passage d'une logique de moyens à celle des résultats concrets pour les citoyens, de l'enrayement de la dérive bureaucratique… sur chacun de ces sujets, des solutions existent, et j'ai formulé des propositions de réponse. Mais c'est bien dans leur cohérence que la réforme prendra tout son sens et produira des résultats.

C'est à un changement complet de modèle et de logiciel que nous devons nous atteler.

*

D'abord, en réarmant le politique. À rebours de ce à quoi nous avons assisté ces dernières décennies, il nous faut réinvestir le champ politique. Cela passe par un réexamen de la tendance à sortir progressivement des pans entiers de politiques publiques de la responsabilité des élus. Le retour de la puissance passe également par une profonde réforme du Parlement : réduire le nombre de parlementaires, renforcer ses moyens et ses prérogatives, en faire le garant de l'efficacité de l'action publique et donc des résultats pour les Français.

Le deuxième volet consiste à dénouer l'imbroglio local auquel nous avons abouti. D'abord, en mettant fin à toutes les compétences partagées pour retrouver de l'efficacité, de la lisibilité et de la responsabilité. Ensuite, en créant un poste de conseiller territorial pour rapprocher régions et départements et réduire enfin la complexité de notre millefeuille décrié depuis trop longtemps.

La transformation de notre modèle ne peut pas faire l'économie d'un changement profond de l'État central lui-même, qui doit passer par une réduction drastique du nombre de ministères mais aussi des effectifs des administrations centrales à Paris.

Enfin, pour lutter contre l'inflation des textes et de la dépense, nous devons installer une nouvelle boussole collective, à tous les niveaux, au Parlement comme au sein de l'exécutif, à Paris comme au niveau local. Cette boussole incarne les résultats concrets des services publics qui doivent s'imposer comme l'objet central du débat politique.

Cette ambition ne se fait pas contre les agents publics. Ils sont très nombreux à souffrir de notre complexité, des injonctions contradictoires, des débats politiques stériles qui éloignent des sujets primordiaux. Ils sont devenus acteurs malgré eux de notre bureaucratie envahissante. Ils ne constituent pas un obstacle à la réforme car ils sont le plus souvent les premières victimes de son absence. Le fait de disposer en France d'une fonction publique de qualité est en réalité un de nos principaux atouts pour conduire demain ces réformes importantes.

En matière de réformes, beaucoup a été dit et promis, mais peu a été fait : des réformes incrémentales ou à la marge mais peu de réformes d'ampleur. Elles suscitent donc naturellement un large scepticisme à propos de la sincérité et de la crédibilité de ces engagements. En premier lieu parce que, passé les déclarations d'intention et les effets de manche, la mise en œuvre est plus difficile. Pour vraiment avancer, il ne suffit pas de dénoncer la bureaucratie ou de proposer la suppression de quelques agences ou comités Théodule. Il faut s'attaquer aux causes profondes et donc réussir à franchir les nombreux obstacles politiques qui jalonnent la voie d'une réforme d'ampleur.

Pour la mener à bien, il est nécessaire d'avoir les moyens de vaincre les conservatismes qui s'affirment dès qu'il s'agit de toucher à une prérogative, un pouvoir, une organisation. Nous l'avons vu : la remise à plat de notre modèle conduit à bousculer de nombreuses situations établies. Le risque, comme pour nombre de réformes, est de faire face à une coalition de tous les opposants. Et en l'espèce, ils peuvent être très nombreux : responsables politiques, ministres, parlementaires, responsables d'administrations ou d'agences, élus locaux… Le débat, très largement caricatural, empêche l'émergence de consensus alors qu'il y a de nombreux sujets sur lesquels il serait possible de faire naître des convergences : faire des économies sans dégrader le service, simplifier les démarches administratives et les organisations, retrouver plus de responsabilité et de clarté, redonner envie aux citoyens de retourner aux urnes…

Jacques Chaban-Delmas pointait déjà les blocages dans son discours sur la « Nouvelle société » en 1969 : « De cette société bloquée, je retiens trois éléments essentiels, au demeurant liés les uns aux autres de la façon la plus étroite : la fragilité de notre économie, le fonctionnement souvent défectueux de l'État, enfin l'archaïsme et le conservatisme de nos structures sociales. »

Sur cette question, le risque est d'autant plus fort que, dans le champ politique, le conservatisme s'est imposé sur cette question. Quelles formations politiques défendent des réformes structurelles de notre action publique ?

À gauche, l'unique boussole idéologique reste hélas la question des moyens. Le montant des crédits écrase tout le reste, et, hormis réclamer toujours plus d'argent y compris dans les secteurs déjà bien dotés, ces formations politiques ne défendent pas de réformes de fond.

À droite, au-delà des critiques sur les agences, devenue une véritable ritournelle, il n'y a aucune proposition concrète de transformation d'ampleur. Éric Ciotti a tenté d'importer d'Argentine la tronçonneuse, mais sans dire comment ni où il l'utiliserait. Le Rassemblement national tenant d'une ligne profondément conservatrice ne propose rien, et La France insoumise, trop occupée par son anti-macronisme, n'avance que la piste d'une assemblée constituante et l'avènement d'une VIe République dont le changement de numéro est censé résoudre comme par miracle tous nos maux.

Cette situation politique rend extrêmement difficile une refonte d'ampleur. Nous sommes parvenus à un tel niveau de complexité et d'enchevêtrement des compétences qu'une initiative de cet ordre suscitera immédiatement une levée de boucliers. Pour y faire face, la réforme que je décris nécessite une force politique considérable qui ne peut venir que d'un très fort soutien populaire pour affronter la tempête de sa mise en œuvre.

C'est en partie pourquoi la réforme de l'État et les programmes de transformation de l'action publique n'ont jamais atteint leurs objectifs : pensés comme des chantiers parmi d'autres, souvent marginaux, ils n'ont jamais été véritablement prioritaires.

Elle ne peut se mener au milieu d'un programme de travail gouvernemental ni figurer au même titre que des dizaines d'autres priorités et d'engagements dans un discours de politique générale.

D'autant que le sujet est toujours difficile à appréhender politiquement. Une réforme d'ampleur qui touche à la fois les institutions, notre organisation, nos services publics se heurte à la structuration du débat politique et médiatique qui repose sur des annonces autour d'objets délimités et des « séquences » sur des temps courts.

La refonte de nos services publics n'est pas, pour reprendre une formulation des journalistes politiques, un « bon candidat » ou un « bon client ».

La communication politique se marie mal en effet avec un chantier de « gros œuvre » mené au long cours. C'est pour cette raison que ce chantier ne peut pas être relégué au même plan que tous les autres, au risque de ne pas susciter suffisamment d'intérêt et ainsi de passer au second plan des priorités.

Ou bien, lorsqu'il est évoqué, il est vampirisé par d'autres débats, comme la seule question du nombre de postes de fonctionnaires supprimés lorsqu'on parle de la réforme de l'État ou bien de l'instauration de la proportionnelle aux élections législatives.

*

Résoudre la crise démocratique nécessite de traiter la source du problème, non ses symptômes. Sur ce sujet, je suis frappé par la place que prend la question de la révision du mode de scrutins, avancée régulièrement comme la solution aux maux de notre modèle démocratique. Ce serait la « pierre philosophale », celle qui transformerait la non-participation en engouement populaire pour les élections. Il s'agit pour moi d'une forme de diversion, alors que nous avons déjà une grande représentativité à l'Assemblée, un éparpillement, même, avec 11 groupes politiques. Cette question, qui intéresse beaucoup les appareils politiques, ne résoudra en rien la situation, dans la mesure où elle ne s'attaque pas aux causes réelles de l'inefficacité publique et donc aux sujets qui fâchent vraiment. Pire, ces évolutions du scrutin pourraient être considérées par les Français comme un risque de tripatouillage alors qu'ils attendent des réformes de fond. Cela illustre assez bien je trouve la déconnexion entre les sujets qui passionnent le microcosme politique et ceux sur lesquels il existe une réelle attente des Français.

Cette révision du sol au plafond était déjà très difficile à mettre en place dans une configuration classique, avec une majorité claire à l'Assemblée nationale. Elle est impensable aujourd'hui avec le morcellement des forces politiques. Il sera difficile de trouver sur ce sujet les voix d'une majorité pour mener ce projet, tellement il ne manquera pas de soulever de nombreuses oppositions, chaque volet de la réforme représentant autant de chausse-trapes dans le débat parlementaire.

Face à cette impasse politique et alors que le *statu quo* n'est plus tenable tellement il menace la pérennité de notre modèle démocratique, deux voies s'offrent à nous.

*

La première consiste à en appeler directement aux Français en organisant un référendum sur cette question. Face aux obstacles et aux blocages, nos concitoyens doivent pouvoir être consultés et trancher eux-mêmes ces questions. Compte tenu de la complexité du sujet – scrutin, organisation territoriale –, la voie référendaire doit être précédée de l'organisation d'un débat national afin de sortir des poncifs habituels et mettre en lumière ce que serait un État plus simple, plus proche, réactif, et plus capable de répondre aux attentes des citoyens et aux défis à venir. C'est une condition préalable à tous les autres grands projets, qu'il s'agisse de la compétitivité, de la rénovation de notre modèle démocratique ou bien encore du bon fonctionnement de nos services publics.

Recourir en amont à une convention citoyenne comme cela a été fait pour le projet de loi sur la fin de vie par exemple permettrait aussi, je l'espère, de construire un consensus et d'amener un certain nombre de responsables politiques à sortir de leur posture sur le sujet et, j'en suis convaincu, de mesurer l'attente des Français pour des réformes importantes. En la matière, ils sont souvent eux-mêmes plus ambitieux que leurs élus.

*

À défaut d'un référendum en cours de mandat, l'autre option est d'en faire le cœur d'un projet lors de la prochaine campagne présidentielle. C'est la voie la plus naturelle sous la Ve République pour porter ce débat et le faire trancher par les Français. Une opportunité d'en faire la proposition centrale, celle dont découlent toutes les autres réformes, celle qui assume qu'il n'y a pas d'opposition systématique entre économies et qualité du service public, celle qui s'adresse à toutes celles et tous ceux qui souffrent de la bureaucratie et de la complexité administrative, et à celles et ceux qui ne viennent plus voter car ils voient bien que cela ne change rien dans leur quotidien.

C'est la force du suffrage et du vote populaire qui permettra alors à un(e) président(e) nouvellement élu(e) de porter ce projet de rupture.

C'est d'ailleurs le choix qu'ont fait Donald Trump et Javier Milei. Rien n'empêche les forces politiques progressistes d'en faire également un élément central de leur proposition politique. Ce sont même, de mon point de vue, les plus capables et les plus crédibles de proposer une réforme d'ampleur qui soit une alternative ambitieuse à celles et ceux qui ont comme seul programme de détruire l'État. Je pense que nous avons une responsabilité immense si nous ne voulons pas laisser ce sujet aux forces réactionnaires. Parce que, précisément, nous n'aurions pas le courage de porter le projet de remise à plat de notre modèle, nous leur laisserions le champ libre.

*

Nous avons ces dernières années profondément transformé le champ économique et social pour retrouver de l'attractivité, lutter contre le chômage, réhabiliter l'apprentissage, attirer des investisseurs et rouvrir des usines dans notre pays. En bousculant parfois, il est vrai, cette politique a permis d'obtenir de bons résultats.

Nous n'avons pas fait preuve de la même audace s'agissant du fonctionnement de l'État et de nos services publics. Probablement car il n'est pas possible d'ouvrir tous les champs de transformation à la fois. Je crois que ce chantier est désormais vital et incontournable. Si le chômage de masse menaçait notre prospérité, la crise de l'action publique menace quant à elle à terme notre unité, notre modèle démocratique, notre capacité à agir dans un monde toujours plus incertain. C'est un combat politique de premier plan qu'il faut mener et dans lequel les forces progressistes ont un rôle éminent à jouer. Entre les obsessions identitaires des uns et le combat anticapitaliste des autres, c'est un terrain d'action d'ampleur qui s'ouvre à nous. Il mérite que nous nous en saisissions car il est au cœur du combat pour la démocratie. Les Français attendent que nous agissions dans ce domaine, car la puissance et la souveraineté de notre pays en dépendent.

Remerciements

Je remercie Jean-Luc Barré et Denis Mollat pour leur confiance.

Mes remerciements vont également à Tanguy Bernard, Anne Fahmy, David Tomasella et Thomas Defortescu pour leur aide précieuse et leur relecture attentive.

Table des matières

Pour en savoir plus
sur les Éditions Plon
(catalogue, auteurs, vidéos, actualités…),
vous pouvez consulter
www.plon.fr
www.lisez.com

et nous suivre sur les réseaux sociaux

Editions Plon
@EditionsPlon
@editionsplon

Pour plus d'information :
www.lisez.com
Imprimé sur du papier issu de forêts gérées durablement.

CET OUVRAGE A ÉTÉ ACHEVÉ D'IMPRIMER SUR ROTO-PAGE
PAR L'IMPRIMERIE FLOCH À MAYENNE EN OCTOBRE 2025

N° d'impression : 107924
N° d'édition : P32367/01
Imprimé en France